BUZZ

Publisher ANDERSON CAVALCANTE
Editora SIMONE PAULINO
Projeto gráfico ESTÚDIO GRIFO
Assistentes de design LAIS IKOMA, NATHALIA NAVARRO
Preparação LUISA TIEPPO
Revisão JORGE RIBEIRO

Dados Internacionais de Catalogação na Publicação (CIP)
de acordo com o ISBD

Morais, Andréa Fernanda
Tamojunto / Andréa Fernanda Morais
São Paulo: Buzz Editora, 2018.
240 pp.

ISBN 978-85-93156-82-3

1. Autoajuda 2. Relacionamentos 3. Casais I. Título

159.947 CDD-158.1

Elaborado por Odilio Hilario Moreira Junior CRB-8/9949

Índice para catálogo sistemático:
1. Autoajuda 158.1
2. Autoajuda 159.947

Buzz Editora Ltda.
Av. Paulista, 726 – mezanino
CEP: 01310-10 São Paulo, SP

[55 11] 4171 2317
[55 11] 4171 2318
contato@buzzeditora.com.br
www.buzzeditora.com.br

tamojunto

agradecimentos

A Deus, por sempre fazer infinitamente mais do que pedimos e pensamos, e pelo privilégio de me colocar em lugares altos para que eu possa falar Dele.

Ao meu esposo, Fellipe Morais, por me lembrar, com frequência, que eu deveria escrever mais e publicar. Por ter me dado um escritório, a minha cara, só para que não faltasse lugar para que eu fizesse isso. Por ter me dito, com tanta confiança, que eu realmente poderia escrever para casais. Por ser quem sonha, acredita e realiza tudo comigo. "Eu não teria feito nada disso sem você. Essa conquista é nossa! Amo você!".

Aos meus pais, Carlúcio (in memoriam) e Janet Santos, por sempre terem dado o melhor que podiam para mim e por orarem e me orientarem para que eu tivesse um relacionamento melhor do que o deles.

Às minhas irmãs, Ane e Maria Luiza, por dividirem seus erros e acertos comigo e me ensinarem com cada um deles.

Aos amigos Wendell Carvalho e Karina Peloi que me presentearam com o curso Protagon, onde tomei a coragem que precisava para escrever este livro.

A João Gabriel, Flávia Angelotti e Denise Landi por terem lembrado do meu nome, quando foram perguntados de quem gostariam de ler um livro.

A Anderson Cavalcante por ter acreditado em mim e pela oportunidade de realizar meu sonho.

A Leila Rodrigues, Deise Thompson, Lidiane Rios e Daniela Ramos por me ensinarem com sua experiência e por me permitirem dividir com todos seus depoimentos.

Aos meus pastores Junior Pedroso e Rodinon Botelho, por sempre orarem pela minha vida e do Fellipe e por, junto conosco, terem colocado este livro em suas orações.

A Gilberto Cabeggi por responder todas as minhas mensagens, ouvir todos os meus longos e, muitas vezes, confusos áudios, por me responder rapidamente e com os melhores emotions, por me manter nos prazos e, claro, por me ajudar a organizar todos os meus pensamentos, emoções e experiências da melhor forma, em palavras, neste livro, para vocês.

Ao Grupo Hinode, não só por ter nos oferecido a oportunidade que mudou nossa vida, mas também por ter me dado sempre espaço para falar sobre relacionamentos nos treinamentos e, assim, perceber a necessidade crescente nas pessoas de aprenderem mais sobre esse assunto.

À toda equipe da Buzz editora por, em um tempo tão curto e com tanto cuidado, conseguir fazer com que este livro ficasse pronto.

A você que participou de algum dos meus treinamentos, ou me encontrou nas redes sociais, me mandou mensagem pedindo que eu falasse mais sobre isso, ou me contando como um dos treinamentos mudou seu relacionamento, ou, até mesmo, comprou este livro sem nem mesmo conhecer a mim e o meu trabalho, obrigada por ser o motivo para que eu escrevesse este livro. Essa é minha forma de dizer a vocês "Tamo junto" nessa busca para viver um relacionamento cada vez melhor.

Para minha mãe, Janet Fonseca, por ter me ensinado, com seu exemplo, a ser uma boa esposa, filha, serva e uma mulher de negócios e também por ter cuidado e amado meu pai até seu último suspiro.

E para o meu esposo, Fellipe Morais, pelo amor, compreensão, parceria e por não duvidar, em nenhum momento, que realizar esse sonho seria possível. "Ninguém nunca acreditou em mim como você acredita".

prefácio

Ao chegar naquele evento para mais um dia de treinamento, tirei minha mochila das costas, avancei com os olhos por todo o ambiente e, de repente, minha visão alcançou um jovem casal. Passei um tempo os observando. Uma atmosfera de amor e cumplicidade denunciava que ali existia um casal que vivia exatamente o que acredito ser uma experiência em que o relacionamento é um campo de desenvolvimento.

Tenho convicção de que o relacionamento amoroso é um ambiente em que, imprescindivelmente, o ser humano terá que se desenvolver para avançar. Inúmeros são os desafios para se viver a dois. Mas são justamente esses desafios que entregam às pessoas a maior oportunidade de lapidação e crescimento. E nesse processo encontram-se as experiências mais incríveis que se possa ter.

O que vi naquele casal foi exatamente isso. A forma como se olhavam, um sorriso discreto, quase imperceptível aos distraídos, que dizia um ao outro "eu estou aqui". Uma parceria de trabalho e de vida, enlaçada com toda a energia que somente o amor pode dar.

Um relacionamento precisa estar regido por três verbos: alinhar, aceitar e lapidar.

Alinhar as expectativas, os desejos e sonhos. As relações mais extraordinárias, nas quais o amor é a matriz suprema, os sonhos e desejos de um passam a ser também do outro. Qual é o seu sonho? Ele passa a ser o meu também. Mas para isso se faz necessário um alinhamento, os casais precisam conhecer os sonhos um do outro e aprenderem a sonhar juntos.

Aceitar que, apesar de todo o alinhamento, algumas coisas não irão mudar no outro. O que for da sua essência, a energia primária não irá mudar. Toda pessoa possui a sua luz e a sua sombra. E normalmente a sombra que tentamos afastar do outro é consequência da sua luz. Apague a luz e não terá mais a sombra. Aceitar significa amar a luz e a sombra.

Lapidar-se é melhorar a todo o momento. É se perguntar o que posso melhorar em mim para atender ao nosso alinhamento? Que habilidades posso desenvolver para ser uma pessoa melhor? Como posso corrigir esse comportamento para avançar nessa jornada?

E perceba que isso se torna uma espiral crescente de desenvolvimento pessoal e de amor. Para ser o melhor para o outro, você precisa se tornar uma pessoa melhor. E é isso que queremos dizer sobre o relacionamento ser o campo mais propício ao desenvolvimento humano.

O que concluímos ao conviver de forma tão próxima com a Andréa e o Fellipe, dentro da casa deles, é que as pessoas que se tornaram, os seres humanos que são hoje, é fruto do constante lapidar.

Esse livro é a oportunidade para que outras pessoas também possam viver isso. A Andréa, há anos, vem se dedicando através de treinamentos presenciais a ajudar outros casais a experienciarem o que um relacionamento de alinhamento, aceitação e lapidação pode proporcionar na vida das pessoas.

Esperamos, de verdade, que você leitor, desfrute dessa obra. Que a tenha como um direcionamento para a construção de um relacionamento de desenvolvimento, amor e paixão constante. E que você seja capaz de perceber o quanto a vida a dois, num ambiente de harmonia e felicidade, é uma das peças essenciais para a construção da sua Vida Épica.

WENDELL CARVALHO

KARINA PELOI

um relacionamento de propósito

Todos nós temos sonhos de viver uma vida a dois cheia de plenitude e felicidade. E sem dúvida alguma buscamos o máximo de realização e harmonia em um relacionamento a dois e na construção de uma família extraordinária, cheia de propósito, que possamos chamar de lar.

Procuramos por um parceiro e nos casamos para sermos felizes e para fazer nosso parceiro feliz. Nesse processo de querer atender às expectativas do outro com todo amor, despertamos nele o desejo de fazer o mesmo em troca. E assim vamos ajustando a relação de casal, de modo a termos o melhor em nossa vida.

No entanto, o que acontece com frequência é que esses nossos sonhos acabam sendo sufocados pelas decepções decorrentes de escolhas erradas. Escolhemos nosso parceiro sem ter claro quais são os requisitos básicos que traçamos para nós mesmos, para conquistar a felicidade. E nossos relacionamentos acabam ficando vazios.

Um dos maiores problemas nos relacionamentos de casais é a falta de clareza de propósito. Por que estamos juntos? O que buscamos? Como estaremos daqui a dez anos? Em boa parte dos casais, cada um dos companheiros pensa diferente quanto à maioria dessas perguntas, e isso acontece até mesmo com casais que já estão juntos há muito tempo.

O grande desafio que tenho encontrado lidando com casais em diversas atividades do meu dia a dia é ajudá-los a voltar a acreditar que podem ter um relacionamento feliz, restaurador e cheio de amor e harmonia.

Dentro desse objetivo, busco esclarecer que cada um dos parceiros deve procurar conhecer a si mesmo e saber o máximo possível sobre o outro. Conhecendo bem o que você quer e o que o outro procura ou espera no relacionamento, vocês podem realmente construir, "de propósito", um relacionamento pleno. E isso não quer dizer construir de maneira mecânica, mas, pelo contrário, quer dizer que você vai sair do automático para intencionalmente fazer o relacionamento dar certo.

Neste livro vou entregar uma série de sugestões e de resultados comprovados para ajudar você a mudar e melhorar seu relacionamento de casal. Vou apontar quais os comportamentos que a levarão a começar um relacionamento da maneira correta, caso você seja solteira. Se você já está casada, vou guiá-la por atitudes que tornarão o seu relacionamento mais feliz e pleno.

a importância de saber o que se quer

Provavelmente você já ouviu a frase "Se você não sabe o que quer qualquer coisa serve". Ou seja, um relacionamento extraordinário deve começar por ter bem claro em sua mente o que você quer desse relacionamento.

Quando somos solteiras, desenhamos na mente o nosso parceiro ideal, aquela pessoa com quem queremos casar e viver o resto da nossa vida. Por isso, é quase um processo natural "listar" na nossa mente quais são as características que queremos encontrar na outra pessoa com quem vamos dividir nossa vida. Pensando nisso é que afirmo: este livro tem informações importantíssimas para você.

Mas pode ser que você já esteja casada e, claro, queira melhorar ainda mais a sua relação e tornar o seu casamento um relacionamento extraordinário. Então, sempre é tempo para – e sempre é necessário – definir o que você espera da pessoa que está ao seu lado e saber dela o que espera de você. E trabalharem juntos para construir essa relação ideal. Neste caso, aqui neste livro você também encontrará um caminho que vai contribuir para trazer mais felicidade no casamento.

É claro que você não precisa acreditar gratuitamente no que vou lhe dizer aqui. Mas para que você comece a ter certeza se este é o caminho certo, quero contar para você como isso funcionou, e continua funcionando na minha vida, de maneira que tem trazido uma felicidade e uma plenitude imensas para o meu relacionamento com meu marido Fellipe.

Quando eu tinha quatorze anos, em um final de semana na escola bíblica dominical recebemos a visita de um missionário chamado Zic, que nos ministrou a aula daquela manhã.

Lembro-me de ele contar que demorou a se casar porque levou tempo até encontrar a pessoa que ele procurava para ter como esposa. Ele disse que sabia exatamente o que estava procurando em alguém, porque tinha feito uma lista de características que esperava encontrar em uma pessoa que o faria ficar apaixonado por ela durante toda vida. Durante anos, ele orou para que encontrasse alguém daquele jeito e também se preparou para ser um homem merecedor de uma mulher com aquelas características. Depois, Zic nos apresentou sua esposa e nos falou como o casamento deles era abençoado, porque tinha sido, desde o início, de propósito. Isso mesmo, não é "com propósito", com objetivos claros, mas "de propósito", porque, quando viu nela o que buscava, ele realmente investiu, intencionalmente, naquele relacionamento.

É interessante essa ideia, porque "com propósito" significa ter uma finalidade específica para fazer algo, neste caso, visando uma harmonia maior no relacionamento do casal. E "de propósito" é uma expressão que indica que se tem a intenção clara de fazer determinada coisa.

Com o tempo, passei a pensar que o ideal é ter um relacionamento "com propósito, de propósito". O que quero dizer com isso? Quero dizer que você precisa trabalhar no seu relacionamento intencionalmente buscando as características que deseja no seu parceiro. Mas quero dizer também que a sua busca precisa ter o propósito específico de tornar o seu relacionamento extraordinário.

Dito isso e voltando ao que Zic nos disse naquele domingo, lembro que aquilo me levou a pensar que normalmente as pessoas já fazem isso em outras áreas da vida. Por exemplo, as pessoas pensam bem sobre a profissão que querem seguir. Escolhem se vão fazer cursinho na área de humanas, biológicas, exatas ou integral, dependendo do curso e da faculdade em que querem entrar. Fazem testes vocacionais para saber com que área suas habilidades e gostos combinam mais. Escolhem a melhor faculdade para aquela área, muitas vezes já entram nela sabendo até qual especialização querem fazer e onde querem exatamente atuar. Fazem projeções financeiras para aquela determinada profissão e um estudo para verem em qual cidade há mais mercado para sua profissão. Tudo isso e muito mais é feito, na maioria das vezes, ainda na juventude.

Mas o que é triste é que as pessoas acham que é exagero pensar no que você quer e espera de uma pessoa e de um relacionamento a dois, quando elas já fazem isso com a profissão. Exatamente na parte mais importante da vida, muita gente deixa essa escolha ao acaso. Isso é terrível, especialmente se você pensar que, depois de tudo pensado, mudar de profissão é, geralmente, menos traumático do que terminar um casamento. É por isso que insisto em que as pessoas deveriam pensar melhor a respeito de com quem vão se relacionar.

Naquele dia, Zic nos incentivou ter esse cuidado com a nossa vida afetiva: construir uma lista com o que esperávamos encontrar em um esposo e orar por essa pessoa, mesmo que não a conhecêssemos. Falou que éramos privilegiados por pensar nisso desde a nossa adolescência. Disse que saber o que queríamos poderia nos livrar de maus relacionamentos e nos conduzir a um relacionamento de propósito.

Lembro-me de que eu não fiz aquele exercício ali, naquela hora, mas durante toda a manhã fiquei pensando nas características que esperava encontrar em alguém que seria meu companheiro para toda uma vida. Lembro-me de pensar nos relacionamentos à minha volta e de, mentalmente, também já discriminar o que eu não queria em alguém. Apesar de muito nova, eu tinha uma ideia do que queria para meu futuro: carreira, pretensão salarial, cidade onde queria ou não morar, filhos, tinha muitas crenças já formadas e comecei a pensar também em como deveria ser alguém que se encaixaria nessa visão de futuro que eu tinha para minha vida.

Fiquei todo meu domingo pensando naquilo e durante toda semana orei por aquele propósito. Mas a lista ainda estava apenas na minha mente. Lembro que em uma das reuniões devocionais daquela semana eu li um versículo no livro de Habacuque 2:2 que dizia: "Então o senhor me respondeu, e disse: escreve a visão e torna-a bem legível sobre tábuas, para que a possa ler quem passa correndo". Naquele momento eu ainda não tinha ouvido falar de "montar um quadro dos sonhos", nem do poder de visualizar aquilo que queremos, mas, ainda assim, fiz a minha lista, porque então eu tinha entendido, depois de ler o versículo, que o que eu sonhava e esperava encontrar em alguém precisava estar escrito, claro e legível, para que pudesse ver e me lembrar sempre, mesmo nos dias em que estivesse correndo. Mesmo sem saber, aquele foi meu primeiro "quadro dos sonhos".

Durante quatro anos eu orei por alguém que tivesse aquelas características. Mas para orar eu precisava saber exatamente o que eu queria. Por isso aquela lista era tão importante.

Ao longo dos anos, aquela lista aumentou porque, a cada dia, eu ia descobrindo o que mais eu queria ou não em alguém. É claro que, nesse tempo, meus olhos brilharam e meu coração disparou várias vezes por alguém, mas todas as vezes em que isso acontecia a lista era minha seleção "natural", o que me fazia olhar para as pessoas não só com meus hormônios, que são muitos na juventude, mas com a razão.

Eu tinha expectativas elevadas em relação à outra pessoa que, naquela época, só existia na minha cabeça. Então, nesses quatro anos eu também pensava em quem essa pessoa estaria procurando, quais eram as características que ele desejaria em uma companheira. E eu me esforcei para ser essa pessoa, me cuidei, me preparei. Porque sabia que não adiantava esperar o melhor de alguém se eu não estivesse disposta a também dar o melhor de mim.

A cada dia que me cuidava e que mantinha claro para mim o que estava procurando, a certeza de que iria encontrar a pessoa ideal para viver ao meu lado ficava cada vez mais forte.

Eu lia repetidamente Tiago 1:6: "Peça-a, porém, com fé, sem duvidar, pois aquele que duvida é semelhante à onda do mar, levada e agitada pelo vento." E continuava descansando em minhas orações, que fazia com tanta fé. Não sei se acredito naquela frase de que "os opostos se atraem", mas sempre acreditei que os semelhantes se reconhecem.

Conheci meu esposo, Fellipe, na minha primeira aula do cursinho. Eu fazia o terceiro ano do ensino médio pela manhã e o cursinho na parte da tarde. Faltava um mês para eu completar 18 anos quando o conheci. Na primeira carta que me escreveu, ele colocou uma frase que dizia: "Como dizer que o amor é cego, se eu te amei por um olhar". Apesar de com ele ter sido assim, não foi o que aconteceu comigo. Lógico, quando eu o vi meus hormônios o reconheceram rapidamente, mas naquele Raio-x rápido que fazemos das pessoas que conhecemos, percebi dois brincos de argolinha, um em cada orelha, e uma piscadinha básica de um bom conquistador, que a princípio me afastaram dele.

O Fellipe, depois de muito tempo, me confessou que também tinha sua lista de expectativas de alguém para namorar e, mesmo que suas investidas iniciais não tenham funcionado comigo, ele já tinha descoberto em mim as características que procurava e por isso insistiu.

Confesso que meu erro foi julgá-lo pelas aparências. Pela "pinta", achei que ele fosse um garoto mimado, de farra e mulherengo. E tudo aquilo, com certeza, estava na minha lista de "não namorar quem...". Mas o tempo foi me mostrando que aparências realmente podem enganar e esse, felizmente, era o caso do Fellipe.

Ao longo daquele mês eu pude conversar mais com ele e conhecê-lo um pouco melhor. Nunca li tanto a minha lista como naqueles dias, mesmo que eu já a soubesse de cor, depois de tanto tempo orando por ela. Ao final daquele mês, eu já sabia que ele poderia ser exatamente quem eu estava procurando.

Só começamos a namorar em outubro daquele ano e nossos longos oito anos de namoro serviram como base de manutenção daquela minha primeira lista. Durante o namoro, percebi várias coisas essenciais que eu ainda não tinha colocado, talvez por simplesmente nunca ter namorado antes. E cada um dos detalhes dessa lista serviram para elevar o nível e a qualidade da nossa relação.

Quando as pessoas nos conhecem e dizem "Meu Deus, é incrível como vocês dão certo juntos!", eu e Fellipe sabemos que isso é algo que foi e tem sido cuidadosamente construído na nossa relação.

a

responsabilidade

é somente sua

Escrevi este livro pensando nos casais, porém cada pessoa lê o livro individualmente e raramente o casal costuma ler juntos algum material. Normalmente é principalmente a mulher que toma a iniciativa de ler e levar as ideias novas para o relacionamento. Por isso, toda ação que você, leitora, vai receber como sugestão só poderá ser executada por você mesma.

O ideal é que os dois estejam buscando melhorar o relacionamento, mas como isso nem sempre acontece, um dos parceiros no casal é que deve tomar a iniciativa e deve buscar meios para esse fim. Para que dê certo, é preciso que você entenda que nem tudo está sob seu controle, mas isso não a impede de fazer a sua parte.

Talvez você acredite que o seu parceiro também deva começar a fazer isso. Pois bem, uma coisa eu sei: é sempre o mais inteligente do casal que começa a fazer o que precisa ser feito para que o relacionamento melhore. Não quer dizer que ele não fará, em algum momento, mas lembre-se de que agora é você quem está lendo este livro e procurando encontrar formas de tornar seu relacionamento mais feliz. Mas não leia já pensando em sugerir ao seu marido que faça isso ou aquilo porque, afinal, será a sua mente, e não a dele, que estará se abrindo a princípio para estas sugestões que vou apresentar.

Entenda, nem sempre as pessoas deixam de fazer algo porque não querem fazer. Muitas vezes só não fazem porque não sabem como, nunca foram ensinadas a agir de determinada forma. Sendo assim, a melhor maneira de conduzir a outra para onde queremos é dando a ela o exemplo. Não cobre do outro e não tente fazer com que ele a acompanhe.

É claro que fazendo a sua parte direitinho e com carinho já irá melhorar muito a sua relação de casal e você poderá, ainda, inspirar e influenciar o outro a também fazer a parte dele. Pode ter certeza de que, se você fizer o movimento de aproximação com amor verdadeiro, paciência e dedicação, com o tempo seu parceiro também se engajará nesse propósito de tornar a relação de casal extraordinária, e fará também a parte dele para que isso aconteça.

Uma vez que o seu entusiasmo contagiar o seu companheiro, vocês vão descobrir o grande poder de trabalhar juntos na sua relação de casal. Quando vocês entenderem que tudo que for feito por ambos os parceiros levará a conseguirem o melhor resultado possível, irão somar forças nessa direção. Ou seja, é preciso usar o poder de trabalhar em casal tendo em mente que seu relacionamento é uma soma dos esforços de cada um e não uma disputa de poder entre os parceiros. É importante que ambos estejam trabalhando juntos a favor de tornar a relação extraordinária. Afinal, vocês estão do mesmo lado e têm um objetivo em comum: serem felizes na relação.

um recado para os solteiros

A minha proposta principal neste livro é falar com você sobre relacionamento a dois, com foco em casais que já têm uma vida juntos. Afinal, temos que admitir que os principais problemas surgem, mesmo depois de os parceiros estarem casados, vivendo uma vida em comum.

Mas o livro também vai ser bastante útil para pessoas solteiras, que poderão se preparar melhor para a vida de casado e, principalmente, terão a oportunidade de se orientarem inclusive para a escolha de um companheiro para sua vida.

Os solteiros também podem aproveitar muito o conteúdo deste livro, uma vez que vou estimulá-los a imaginar qual é o tipo de relacionamento de casado que gostariam de ter e analisar se os relacionamentos de solteiro deles o estão levando nessa direção. O livro traz subsídios para que eles possam fazer essa análise e as suas escolhas com muito mais conhecimento, propriedade e segurança.

Prometo que, dependendo das questões que vocês levantarem a partir deste livro, vou estudar com muito carinho a possibilidade de escrever outro, pensando, principalmente, nos jovens que ainda não encontraram sua alma gêmea.

participação do fellipe: um recado especial para os homens

Você já sabe que a minha conversa neste livro é "de mulher pra mulher", entre mim e você que está interessada em tornar o seu relacionamento com seu marido melhor a cada dia. Mas isso não quer dizer que seu marido não possa também ler este livro. Muito pelo contrário, se ele se dispuser a fazer esta leitura, tudo vai melhorar muito mais rápido.

Então, para que os homens não se sintam deslocados, conversei com meu marido, que tem sido meu mentor, líder do nosso lar, esposo exemplar e o homem que mais admiro: Fellipe Morais. E ele ficou muito feliz em poder contribuir. Combinamos que Fellipe entraria de vez em quando no texto, para mostrar como ele vê o que estamos tratando, ou contar uma experiência que o marcou em determinados tópicos que estarei apresentando.

Assim, os homens que lerem este livro não se sentirão sozinhos nesta jornada e as mulheres sentirão melhor a importância de o casal fazer as coisas juntos, um apoiando o outro.

Por mais que este livro possa ser lido individualmente, esta foi uma forma que encontramos para fazer um convite para que os casais o leiam juntos, pelo menos em partes. Afinal de contas, o trabalho de construir uma relação de qualidade e duradoura é sempre de ambos os parceiros no casal, por mais que seja mais comum que essa iniciativa surja por parte das mulheres, como dito anteriormente.

Por isso mesmo, quero lhe pedir que incentive o seu marido a também fazer esta leitura, caso você sinta uma abertura dele nesse sentido. Dessa forma, ele vai poder começar o mais rápido possível a cuidar, junto com você, do seu relacionamento. Com certeza, trabalhar juntos vai facilitar muito para vocês conquistarem bem mais rapidamente um casamento extraordinário.

está difícil manter o amor vivo no casamento

Uma realidade bastante dura que tenho percebido, principalmente hoje em dia, é que pouquíssimos casais parecem conseguir manter o amor vivo e vibrante depois que se casam. A impressão que dá é que aquele amor que existia na época de namoro se transforma em algo diferente, frio, monótono, que já não satisfaz.

Por que isso acontece? Eu arrisco dizer, com base em todos os casais que tenho acompanhado e orientado, além de, é claro, baseada no que tenho aprendido em minha experiência pessoal de casamento, que a maioria das pessoas não tem clareza sobre o que busca no outro e em um relacionamento. O casal não sabe claramente por que estão juntos, o que buscam, qual será o futuro da relação. As pessoas têm começado relacionamentos sem propósitos claros e direcionados e nunca param para pensar sobre isso e muito menos para alinhar suas expectativas com a do companheiro.

Por mais que durante o namoro e no início da vida de casado os casais se achem com ideias e desejos semelhantes, ao longo do relacionamento se veem caminhando para propósitos totalmente diferentes e percebem que não estão chegando a lugar algum. E isso causa infelicidade, insatisfação e, muitas vezes, até mesmo a separação. Por fim, acabam perdendo muito tempo em um relacionamento que não agrega ou pulando de relacionamento em relacionamento sem nem saber o que estão procurando.

Por menor que possa parecer, esse problema não está presente somente naqueles relacionamentos mais antigos, que já têm mais tempo de estrada e que, até mesmo devido ao desgaste presente no dia a dia, já perderam boa parte de seu encanto. A verdade é que esse desencontro dos parceiros vem acontecendo inclusive em casais com pouco tempo de casados, porque o problema não está ligado ao fator tempo, mas sim, à falta de propósitos e expectativas claras quanto à relação.

Dessa maneira, mesmo entre aquelas pessoas que ainda não estão em um relacionamento, mas procuram um companheiro, já é possível perceber sinais evidentes desses desencontros.

Quando as pessoas começam relacionamentos sem propósitos, e não resolvem isso com urgência, fracassam diversas vezes e acabam perdendo a esperança de encontrar um companheiro com quem possam realmente construir uma relação extraordinária.

Se a pessoa não se tornar consciente de suas prioridades e expectativas em seus relacionamentos, terá que viver com as consequências de muitas más escolhas ao longo de sua vida. E isso só trará infelicidade e frustração, além de um desgaste muito grande, gerando ainda uma baixa autoestima crônica.

essa aí sou eu

Uma das formas mais potentes de resolver um problema começa por você reconhecer a existência dele. Quando reconhece o problema e admite que ele existe na sua vida e, mais ainda, identifica a situação que precisa ser resolvida, você já está com meio caminho andado e metade do problema resolvido.

Por isso, quero convidar você a fazer uma introspecção, a pensar com seriedade nos pontos que vou apresentar a seguir, de modo a perceber em que casos você poderia dizer para si mesma: “Essa aí sou eu...”. “Eu também tenho esse problema na minha vida...”.

Então, vamos lá! Tire alguns momentos e pense sobre as proposições que estão na sequência deste parágrafo e perceba se você se reconhece em algumas delas.

Talvez você conheça alguém que tenha problemas no relacionamento a dois. É possível que entre seus amigos e parentes você tenha observado que com alguns casais as coisas não vão bem e que o relacionamento deles está se deteriorando. Você pode não entender o que está acontecendo, mas tem aquela sensação de que, se eles não fizerem algo no sentido de melhorar a situação, o casamento estará em sério risco.

Quem sabe você mesma já teve, ou ainda tem, algum problema no relacionamento a dois. A convivência com seu parceiro está difícil e todos os seus esforços para melhorar a relação parecem não dar resultados. Por mais que você tente mudar algumas coisas para tentar acertar, tudo parece se complicar ainda mais.

Pode ser que você nunca tenha tido o cuidado de avaliar, antes de uma relação com alguém começar, se ela valeria a pena. Talvez, quando começou sua relação com seu companheiro você não tenha feito um levantamento de quais seriam suas expectativas quanto à relação e não tenha verificado se o seu companheiro atenderia a essas suas condições essenciais para ter um relacionamento feliz.

Você já parou para pensar sobre o que é começar um relacionamento da maneira correta? Pode ser mesmo que você nunca tenha pensado sobre qual seria a maneira correta de começar um relacionamento. E nem mesmo sobre qual seria a maneira de conduzir esse relacionamento depois de casada, de modo que ele crescesse e se fortalecesse da maneira correta e desejável.

Você tem clareza sobre os propósitos de sua relação com seu companheiro? É bem possível que você nunca tenha feito uma lista de suas expectativas quanto ao seu relacionamento de casal e, por isso mesmo, não tenha clareza sobre os seus objetivos, seus desejos, seus sonhos e seus propósitos dentro de uma relação.

Você costuma conversar com seu companheiro sobre a qualidade da relação de casal de vocês? Por fim, por mais que seu casamento esteja difícil e insatisfatório, talvez você nunca tenha ao menos pensado em conversar com seu companheiro sobre a qualidade do relacionamento do casal, e menos ainda, tenham pensado juntos sobre como poderiam melhorar essa situação e voltar a construírem juntos um sonho de felicidade.

Será que você tem preservado o romance na sua relação? Talvez a sua relação esteja se esvaziando e você e seu companheiro estejam deixando de namorar, de ter gestos de carinho e atenção um para o outro, ou mesmo estejam deixando de reparar em seu parceiro, mesmo quando ele se prepara de modo especial para você.

E então? Percebeu em que pontos você pode estar precisando trabalhar no seu relacionamento? E é exatamente nisso que quero ajudá-la: a trabalhar os pontos certos, para se tornar consciente das suas escolhas e consequências delas ao longo do seu relacionamento e da sua vida e a agir para corrigir tudo o que você perceber que é necessário melhorar no dia a dia com seu parceiro.

Caso também tenha reconhecido o relacionamento de alguma amiga nesses questionamentos, presenteie-a com um exemplar deste livro e essa será uma forma de ajudá-la a cuidar de seu casamento.

anime-se

Não se sinta mal por perceber que existem problemas no seu casamento. É preciso levar em consideração que também existem muitos fatores externos que acabam afetando a qualidade da relação do casal. Afinal, não vivemos isolados do mundo e, dessa forma, influenciamos outras pessoas e sofremos as influências delas. Sem contar que existem diversos fatores que nos levam a agir de uma ou outra forma, que pode influenciar direta ou indiretamente o nosso relacionamento de casal.

Pode acontecer de você, quando procura um companheiro, encontrar alguém que seja uma boa pessoa, que a interesse de alguma forma, mas que tenha características que fujam daquilo que você realmente está procurando.

Às vezes, por já ter ficado muito tempo só, ou por não acreditar que vai encontrar alguém do jeito que procura, você pode acabar aceitando um relacionamento, mesmo sabendo que não corresponde às suas expectativas iniciais – e muitas vezes, quando você nem mesmo tem claras essas expectativas, fica muito mais difícil a procura por um parceiro com quem dividir sua vida.

Muitos acreditam também que aquela pessoa com quem estão pode vir a ser o que elas querem, ou que depois que casarem as coisas vão mudar, que seu parceiro será diferente. Mas esse é um grande engano. O fato de casar não faz com que ninguém mude, apenas faz com que a pessoa se torne ainda mais confortável em ser o que ela já era. Mudanças exigem outros fatores muito mais complexos e delicados e pedem uma motivação que muitas vezes não se encontra no casamento. Ter consciência disso, ainda na fase de namoro, pode colocar você de volta ao caminho de um relacionamento de propósito, com grandes possibilidades de felicidade e harmonia.

É claro que, sejamos realistas, no relacionamento de casal existem diversos desafios que precisamos enfrentar no dia a dia. E precisamos encará-los e buscar resolvê-los de modo a aperfeiçoar nossa maneira de viver com nosso parceiro e, juntos, nos tornarmos mais felizes e completos na relação. Por isso, anime-se e aceite a responsabilidade de fazer algo para elevar a satisfação no seu casamento, mesmo diante das dificuldades que você vai precisar enfrentar.

o que pode estar afetando o seu casamento

Vamos falar um pouco agora sobre algumas das principais causas dos problemas que surgem nos relacionamentos de casais. Afinal, conhecendo mais de perto os causadores dos nossos desencontros poderemos saber melhor como enfrentá-los. Pense um pouco mais sobre os pontos a seguir e procure perceber como eles podem estar afetando o seu casamento.

Falta de propósito no relacionamento. Acredito que os maiores problemas que os casais enfrentam sejam devidos a terem começado seu relacionamento sem propósitos, ou sem que seus propósitos estivessem totalmente claros.

Os parceiros não sabem exatamente o que querem do relacionamento. Começaram da forma errada, sem terem noção de para onde iriam conduzir sua relação e, pior, continuam na vida a dois sem parar para traçar um plano sobre essa mesma vida a dois.

Desse modo, a maior parte dos casais não está consciente das suas escolhas e das consequências delas ao longo do relacionamento e da vida. Gastam muita energia, desgastam a relação, sacrificam o amor, porque ficam girando em torno de si mesmos, sem conseguirem avançar rumo a um futuro promissor e feliz.

Falta de comunicação. O casal só decide conversar sobre a relação quando a tensão já está quase no limite. E, é claro, a essas alturas fica muito difícil conversar e, em geral, toda tentativa acaba em acusações e desentendimentos ainda maiores.

É preciso sempre deixar claro para o seu parceiro o que você espera do relacionamento e saber dele o que ele deseja. E isso exige que vocês se comuniquem, que conversem, que falem um para o outro quais são os seus anseios e sonhos quanto à relação.

Provavelmente, já que você tomou a decisão de se casar, havia várias características no seu namorado que a conduziram para esse propósito. Então, no momento de uma crise, ou de uma situação difícil na relação, é importante você lembrar quais características eram essas e procurar usá-las como bases para fazer suas avaliações da situação e tomar suas decisões.

Outro ponto a ser levado em consideração é que, ao longo da vida, você pode mudar e suas expectativas também. Por isso, é sempre bom deixar claro para o seu parceiro o que você espera do relacionamento e de cada área da sua vida de casal naquele momento. E também procurar saber do seu parceiro quais são as aspirações dele. Afinal, vocês estão construindo uma vida juntos.

Fazer cobranças excessivas. Enquanto o relacionamento está naquela fase "lua de mel", tudo é aceitável e tudo é divertido. Mas passado esse período, os parceiros começam a fazer cobranças um do outro.

Algumas cobranças são razoáveis e necessárias e, é claro, ambos os parceiros têm que estar atentos e atender a elas. Afinal, viver juntos tem suas próprias regras, que precisam ser obedecidas para tornar o convívio do casal agradável e tranquilo e preservar o prazer de estarem juntos.

Porém, existem outras cobranças que são excessivas, desnecessárias e desgastantes. Em geral, são cobranças em episódios até mesmo muito simples, mas que acabam disparando "gatilhos emocionais" em um dos parceiros, o que o leva a fazer cobranças duras e até mesmo agressivas ao companheiro, sem nem mesmo haver uma razão real para isso.

Não conversar sobre o dia a dia do casal. O dia a dia está corrido, as preocupações se acumulam, o tempo passa e vocês não reservam um tempo só para vocês. Cada um segue sua vida com seus problemas e preocupações e, dentro de pouco tempo, a relação a dois se esvazia e esfria.

É fundamental ter um tempo diário para você e seu parceiro conversarem, dividirem suas preocupações, falarem do seu dia a dia e compartilharem suas vitórias naquele dia. Afinal, vocês são companheiros de viagem e precisam desfrutar dessa companhia.

Querer mudar o outro. É claro que com o convívio do casal cada um dos parceiros tende a ajustar alguns comportamentos e mudar alguns pontos para que a harmonia da relação seja facilitada. Mas é um grande erro quando um dos parceiros tenta transformar o outro em uma pessoa totalmente diferente.

Uma amiga, com pouco mais de trinta anos, confidenciou-me o que aconteceu com ela e permitiu-me dividir com você sua experiência pessoal – é claro que preservaremos sua identidade. Ela me disse:

"Namorei durante dez anos, já estava noiva há cinco, com data de casamento marcada e as flores pagas, quando decidi terminar a relação. Acredito que fazia anos que eu já sabia que era isso que deveria fazer. Mas o medo de ficar só, depois de tanto tempo, me aprisionou em um relacionamento que não me fazia feliz e em que não via mais perspectiva. Fiquei com ele tempo suficiente para entender que eu não era capaz de mudar ninguém, mesmo que quisesse e me esforçasse para isso. Cada dia que ficávamos juntos, eu me afastava mais da visão de futuro que havia construído para minha vida. Doeu terminar, principalmente nas primeiras vezes, já que foram muitas idas e vindas ao longo dos anos. Mas hoje, depois de três anos que terminamos, dói mais lembrar de tudo que perdi enquanto estava em um relacionamento sem propósito".

É preciso considerar que cada um só muda por iniciativa própria e não por vontade dos outros. E insistir nessa ideia de mudar o outro só vai desgastar a relação e gerar grandes conflitos e insatisfações.

É preciso lembrar que os dois devem conversar e ajustar certas coisas para melhorar a relação. O que é razoável é que cada um ceda um pouco e ganhe um tanto, para que a harmonia se estabeleça na relação.

Perder a admiração pelo seu parceiro. Pode até parecer um pouco de exagero, mas você precisa ter sempre muitos motivos para admirar o seu companheiro. Eu explico: deixar de admirar seu parceiro abre a possibilidade para que você procure defeitos nele. Procurando defeitos, fatalmente você vai acabar perdendo o respeito pelo seu companheiro. E quando o respeito acaba, a relação balança.

A pior situação nesses casos é quando um dos companheiros passa a reclamar do outro para pessoas de fora da relação. Isso é terrível e destrói qualquer casamento.

É claro que não devemos admirar falsamente, isto é, forçar uma admiração que não existe pelo outro. Mas, pense: você se encantou com seu parceiro por algum motivo. Então resgate esse motivo na sua mente e no seu coração e passe a admirá-lo sinceramente por isso. Elogie-o sempre por essa razão, ressalte esse lado dele que você tanto gosta. Com o tempo, você vai perceber que existem muitos outros motivos pelos quais seu companheiro é admirável e vai ter muito mais para elogiá-lo.

Achar que o outro tem o poder de ler a sua mente. Com o passar do tempo, e até mesmo por uma questão de querermos nos sentir como "a outra metade da laranja" quanto ao nosso companheiro, temos uma tendência a achar que sabemos tudo o que o outro está sentindo, pensando ou querendo. Mas isso é um grande erro.

Ninguém, por maior tempo de relacionamento que tenha, é obrigado a saber as expectativas do outro, se ele não as tiver dito. Por isso, é preciso conversar sobre isso e deixar tudo bem claro. Muitas vezes, acontecem erros e frustrações no casamento por cada um acreditar estar fazendo o que o parceiro gostaria, quando, na verdade, não era nada daquilo.

Eu sei que muitas vezes dá medo perguntar o que o outro espera da gente, porque temos receio de perceber que podemos estar um tanto distantes daquilo. Mas entenda que a única forma de nos aproximarmos do que o outro almeja é sabendo o que ele espera de nós.

O Livro de Provérbios 13:12 diz que "A expectativa que se adia deixa o coração adoecido, mas o anseio satisfeito renova o vigor da vida". Dessa forma, entendemos que quanto antes corrigirmos nosso percurso, identificando como podemos corresponder às expectativas do outro, podemos devolver a quem amamos o vigor da vida.

É preciso que você e seu parceiro compartilhem sempre um com o outro suas ideias e seus desejos. Não espere que o outro adivinhe o que você precisa para ser feliz na relação. Não tente adivinhar o que tem na mente dele.

Deixar de lado o romantismo. Como eram bons aqueles momentos da época de namoro, não é mesmo? Cheios de romantismo, de carinho, de atenção, de surpresas agradáveis, de cumplicidade e intimidade. Pois bem, isso precisa continuar presente na sua vida de casado.

O que normalmente acontece é que o casal, passada aquela época da conquista e do fascínio, abandona os gestos de atenção e de apreço de um para com o outro. Beijos, abraços e palavras carinhosas são deixados de lado, como se não precisassem mais fazer parte do dia a dia do casal. Em seu lugar, surgem os problemas, as preocupações, os afazeres do dia a dia, que ficam ainda mais duros à medida que o casal não se reabastece da energia positiva e necessária do afeto entre eles.

Falta de tempo de qualidades juntos. É bastante comum nos casamentos ver que marido e mulher não se entregam de verdade ao prazer da convivência. Enquanto a esposa vê a novela, o marido joga paciência no computador. Enquanto a esposa rola a tela do iPad nas redes sociais, o marido vê o jogo na televisão. Na hora da refeição, não é raro que cada um dos dois esteja mais ocupado com o celular à mão do que em saborear a comida ou a presença do outro. E assim vai. Muitas vezes, eles estão sentados lado a lado no sofá da sala, cada um perdido em um mundo diferente, sem nem mesmo perceberem a presença um do outro.

Os casais hoje em dia quase não têm tempo para estarem juntos, mas, no pouco tempo que têm, muitas vezes não colocam qualidade. Mas ter muito tempo juntos, ou tempo insuficiente com o outro, não é a questão mais importante. Afinal, quantidade não é igual a qualidade. O que importa mesmo é que todo o tempo que passarem juntos seja um tempo de qualidade, ou seja, que quando o casal estiver junto, que estejam realmente juntos, de corpo e pensamento. Que a coisa mais importante para cada um naquele momento seja o outro.

É preciso aproveitar cada momento que você e seu marido passarem juntos. Mais ainda, é importante que vocês tirem pelo menos um dia por semana para estarem somente um com o outro, passeando, namorando, se entregando ao prazer de estarem juntos.

Aprenda a se doar para o seu parceiro. Se necessário, abra mão de alguma coisa que você gosta de fazer, ou acha que precisa fazer, para ter mais tempo de qualidade com o seu marido. Com o tempo, ele também aprenderá a importância de fazer isso.

Remoer-se em ressentimentos. É bastante comum nos relacionamentos de casais que qualquer pequena desavença ou desentendimento acabe gerando um mal-estar que se prolonga por horas e até mesmo dias. Na maioria das vezes, é algo totalmente insignificante que acontece, mas que desencadeia uma séria de "ações punitivas" por parte de um, ou mesmo dos dois parceiros, contra o outro.

Um dos exemplos mais comuns desse tipo de punição é negar afeição ou atenção ao outro. Um dos parceiros se sente no direito de "dar um gelo" e arrasta esse clima de guerra por muito tempo depois do fato que causou o mal-estar. Essa é uma tentativa de manipulação psicológica que só causa mal para a relação. Por mais que o caso seja superado depois, sempre vai restar algum tipo de mágoa e ressentimento na relação.

O perdão é importante não apenas em um relacionamento, mas em todas as situações da vida. É claro que todos cometemos erros e muitas vezes fazemos algo de que nosso parceiro não gosta. Mas se você não puder deixar as coisas para lá, mesmo depois de ter se passado algum tempo, vai ser muito difícil ser feliz.

O perdão existe para que as consequências desses erros não se arrastem indefinidamente e não nos atormentem de modo desproporcional. Por isso, aprender a perdoar é vital para o bem-estar da relação a dois.

Desistir de buscar a solução. Muitas vezes o casal nem mesmo sabe onde está errando, para que o casamento não esteja indo bem. E, assim, não tem ideia do que fazer para sair dessa situação. O casal não sabe como resolver o problema e não procura ajuda para tentar consertar as coisas e voltar a viverem felizes.

Como hoje em dia o divórcio se tornou algo corriqueiro, considerado muitas vezes como algo "normal" e fácil de obter, muitas vezes o casal nem tenta resolver o problema e já parte para a separação.

Em alguns casos, acredito sim que o divórcio se faz necessário. Tendo tentado resolver o problema e não encontrado real entendimento entre os dois, ele vem a ser uma possível opção. Porém, entenda que terminar uma relação com alguém não é condenar a si mesmo a viver em desgraça e solidão. E nem quer dizer que aquela pessoa de quem você vai se separar não seja boa, ou que não tenha qualidades. Separar-se quer dizer apenas que aquela pessoa não se encaixa no que você espera hoje de um companheiro, nem na sua visão de futuro para sua vida. Nesse caso, terminar o relacionamento pode dar aos dois uma chance de encontrar quem estão procurando e ter também um novo relacionamento, cheio de propósito.

como melhorar o seu relacionamento

Acredite, Deus quer o melhor para todos nós, em todas as áreas, como diz o Livro de Jeremias 29:11: "Por que sou Eu que conheço os planos que tenho para vocês, diz o Senhor, planos de fazê-lo prosperar e não de causar dano, planos de dar a você esperança e um futuro."

Mas saiba que são nossas decisões que vão nos conduzir a isso. Deus nos dá uma infinidade de opções e cabe a nós escolher o que acreditamos ser o melhor para nós mesmos.

Procure escolher buscar ajuda e se empenhar ao máximo em salvar o seu casamento, com amor no coração e intenção legítima de preservar algo em que você investiu tanta esperança de felicidade. Procure ter respaldo e ser muito consciente em suas decisões.

Uma coisa é bem verdade: ninguém casa para se separar depois. Não tem quem invista em um relacionamento para depois, propositadamente, jogar tudo para o alto. As pessoas se casam e buscam construir um relacionamento a dois para ter algo que as faça felizes e lhes dê uma nova dimensão de vida mais prazerosa e completa.

Porém, a realidade de uma vida a dois pesa no dia a dia do casal. "Nem tudo são flores", como diz o ditado popular – eu acrescentaria que as flores são muitas, mas os espinhos existem, porque são parte da natureza dos relacionamentos. E muitas vezes as brigas surgem, os desentendimentos acontecem, as conversas ficam mais secas e o casamento acaba abalado. A relação esfria e enfraquece e, no horizonte, começam a aparecer as nuvens negras da possibilidade de uma separação.

Mas, como diz o meu amigo Wendell Carvalho, especialista em mudança comportamental, "Assim como há o empurrão para acabar com o relacionamento, também há outra alternativa: fazer, pouco a pouco, o caminho de volta. Você tem a opção de resolver os problemas e reconstruir aquela relação maravilhosa com que sempre sonhou".

Então, é isso. Tem um jeito de corrigir o percurso, caso você ainda não esteja vivendo um relacionamento de casal pleno e feliz, cheio de propósito e significação, e começar a viver de maneira extraordinária a partir de agora. Sim, é possível, se houver vontade, compromisso, paciência e clareza entre o casal.

Tudo o que você tem que fazer é decidir investir de verdade no seu relacionamento e se empenhar para conquistar esse algo tão especial que faz a vida de muitos casais ser uma verdadeira bênção.

Da mesma forma que quando decide emagrecer, você intencionalmente muda a alimentação e começa a fazer exercícios, da mesma forma que quando vai prestar um concurso, você intencionalmente começa a estudar as matérias que vão ser cobradas nele, e até se priva de algumas coisas de que gosta, por um tempo, para alcançar seu propósito, assim também deverá ser com o seu empenho para melhorar o seu relacionamento de casal.

Se você sabe exatamente o que quer, pode traçar um plano para alcançar esse objetivo e se dedicar a executá-lo. Isso pode até exigir de você alguns sacrifícios, mas você sabe que valerá a pena ao atingir o seu propósito final.

O grande segredo nessa jornada a dois no casamento é ter um relacionamento de propósito em que você tenha consciência do que realmente quer para você e para quem vai caminhar ao seu lado nessa estrada. É preciso estar atenta para se manter nesse propósito, incorporando os aprendizados vindos dos desafios de cada fase, como o alinhamento de expectativas, lidar com o dinheiro, administrar a vida profissional, a competição entre o casal, bagagens de família, tentações, ciúmes e outros mais. A vitória no casamento virá de sabermos o que devemos levar de cada fase para a seguinte e o que devemos deixar para trás.

Independentemente da fase da vida que você esteja vivendo, seja a procura de um relacionamento, um namoro, ou já esteja vivendo uma vida a dois com seu companheiro, há muito tempo, ou mesmo que seja algo mais recente, esteja o relacionamento estável, em crescimento ou em uma situação difícil, este livro vai trazer para sua vida um novo ângulo de visão sobre os seus relacionamentos.

Agora, se o seu casamento já está maravilhoso, este livro também vai ajudá-la a conservá-lo assim e até mesmo torná-lo ainda mais prazeroso e feliz. Afinal, como diz o ditado popular, "não há nada tão bom que não possa ser melhorado".

Bom, já que eu lhe disse isso tudo, quero contar-lhe mais um segredinho: você vai ficar maravilhada com o poder e a alegria que vêm de viver um casamento harmônico, em que os dois são realmente parceiros. A vida de um casal assim nunca é uma disputa, é sempre uma soma. Vocês estarão sempre do mesmo lado e seu objetivo comum será sempre a felicidade.

Como conhecimento nunca é demais e a busca da felicidade no casamento precisa ser constante, feita a cada dia, vou lhe mostrar neste livro, a partir de agora, 25 comportamentos poderosos para construir um relacionamento maravilhoso na vida a dois, um relacionamento de propósito e com propósito.

Vou conversar com você sobre relacionamentos de casal de uma forma bastante clara, prática e objetiva. Assim, você poderá aplicar imediatamente na sua vida de casal tudo o que ler aqui e sentir que vai ser útil para melhorar o seu relacionamento.

Vamos lá!

1 tenha uma lista do que você espera do seu parceiro

Sabe, como já mencionei, é muito comum que as pessoas, depois que conhecem a mim e ao Fellipe, falarem: "Meu Deus, é incrível como vocês dão certo!". Mas isso não seria uma surpresa, se elas já tivessem a compreensão de que nosso relacionamento foi construído assim de propósito, desde o início.

Costumo dizer sempre que o segredo para um relacionamento pleno e feliz "está na lista". Naquela sua lista de expectativas que você tem quanto ao seu parceiro ideal em um casamento.

Como já disse no início deste livro, quando eu era ainda adolescente, um missionário chamado Zic, em uma escola dominical, pediu que todos que estávamos ali escrevêssemos as características que esperávamos encontrar em alguém com quem iríamos nos casar. Eu sei que era muito nova para saber tudo com clareza, mas ainda assim escrevi a minha lista. É claro que com o passar dos anos fui acrescentando nela muitas outras características que julguei importantes, de modo que fiquei cada vez mais atenta para as qualidades do parceiro que eu queria ter para um relacionamento de casal.

Você deve estar se perguntando se eu só me interessei por pessoas que se "encaixavam" na minha lista. Lógico que não! É normal que a gente se interesse por pessoas diferentes, afinal, cada pessoa tem suas qualidades e elas podem nos fazer sentir atraídas. Mas uma coisa é se interessar. Outra é, de fato, investir em um relacionamento.

Por isso que todas as vezes em que pensava em namorar eu lembrava da minha lista e "avaliava" se realmente a pessoa em quem estava interessada naquele momento era alguém com quem eu queria passar uma vida toda. E a resposta ficava muito clara para mim e na maioria das vezes foi: não! Isso só mudou quando conheci o Fellipe. Creio que é por isso que nos entendemos tão bem e vivemos tão felizes juntos.

Acredito que a lista me livrou, sim, de relacionamentos que tinham muita chance de me frustrar. E me ajudou a saber exatamente o que eu queria e quem eu estava esperando e procurando.

Li certa vez um pensamento da psicóloga catalã Encarni Muñoz, que diz "Para ter um relacionamento saudável, a primeira coisa a fazer é ouvir os seus próprios critérios". Mais ainda, acrescento que além de ouvir os seus próprios critérios e desejos é preciso também estar disposta a ouvir e compreender os critérios do seu parceiro. As listas de expectativas de ambos, quanto a um relacionamento de casal, devem ser igualmente respeitadas e alinhadas.

Já presenciei muitos casos em que o homem e a mulher haviam saído de vários relacionamentos, até muito diferentes uns dos outros, e não conseguiam entender por que nenhum deles tinha dado certo. Então começaram a acreditar que ter um relacionamento bom e duradouro era mais difícil do que haviam imaginado, se não impossível. E isso acabava prejudicando o próprio relacionamento que estavam vivendo na ocasião.

Se cada um dos parceiros criasse uma lista do que têm como meta pessoal no relacionamento, poderiam definir com clareza o que gostariam de realizar antes de dar o próximo passo para o casamento. Dessa forma, dariam chance para que o parceiro entendesse porque cada um daqueles itens é importante e, a partir daí, seus sonhos pessoais seriam compartilhados e entendidos e as expectativas seriam ajustadas para deixar cada um deles tranquilo quanto aos próximos passos.

Lewis Carroll, o grande romancista britânico, disse certa vez que "Se você não sabe o que quer, qualquer coisa serve". Mas, quando se trata da sua felicidade em um relacionamento de casal, "qualquer coisa" não é o que devemos esperar nem pelo que devemos lutar, não é mesmo?

Pense comigo: quando você tem uma lista de expectativas quanto ao seu relacionamento, tudo começa a ter uma direção. Você pode olhar e investir em pessoas que têm os propósitos e valores que você procura. Ao longo do tempo, você pode até ter muitos relacionamentos, antes que encontre alguém ideal. Mas o importante é que, tendo sua lista em mãos, seus relacionamentos não serão mais tão destoantes das suas expectativas, porque já seguirão um padrão que você procura.

Agora é hora de parar e pensar sobre o seu próprio caso, sobre o seu relacionamento de casal ou sobre a forma como você tem escolhido um companheiro para compartilhar a sua vida. Seja sincera consigo mesma e responda às seguintes perguntas:

- Você tem clareza sobre os propósitos de sua relação com seu companheiro?

- Você tem clareza sobre suas expectativas quanto à sua relação com seu companheiro?

- Você tem clareza sobre as expectativas do seu companheiro quanto à relação?

- Você já fez a sua lista de expectativas quanto a um possível parceiro para uma vida de casal?

É lógico que depois de falar isso tudo, quero contar mais um segredinho a você: o que mais importa mesmo agora é que sejamos práticos. Sabe por que eu digo isso? Porque o que faz a diferença nas nossas vidas não é o conhecimento que adquirimos, mas sim o conhecimento que aplicamos. Então, caso você ainda não tenha uma lista escrita – não somente na sua mente, mas também no papel – chegou a hora de fazê-la.

Eu sei que você pode estar pensando se é mesmo necessário fazer isso ou não – afinal, se você não fizer, quem vai saber, né? Por isso, quero que você só reflita comigo em algo, antes de decidir se vai fazer a sua lista ou não.

Quando uma empresa vai contratar um novo funcionário, normalmente o que ela pede a ele em primeiro lugar? O currículo, não é verdade? Para quê? Para que ela avalie suas características, o que ele tem a oferecer, consulte seus trabalhos anteriores, descubra e entenda o porquê de ele já ter sido demitido. Dessa forma, antes que comecem uma relação profissional, a empresa já saberá se aquele candidato se encaixa no que ela está procurando, ou não.

Perceba que quando pensamos em contratar alguém para trabalhar conosco, essa é uma prática normal. Avaliamos cuidadosamente aquela pessoa, mesmo sabendo que, se não der certo, podemos mandá-la embora a qualquer momento.

Agora, pense comigo: por que não fazemos isso também com os nossos relacionamentos? Por que não avaliamos as características dos nossos pretendentes: seus relacionamentos anteriores, por que terminaram, seu relacionamento com a família, sua visão de futuro e assim por diante. Por que não tomamos esse cuidado antes de iniciar um relacionamento, ou até mesmo antes de casar? Pense bem: depois que casamos, não existe essa facilidade de mandar a pessoa embora caso descubramos que nosso esposo não é exatamente "o funcionário modelo do mês", como imaginávamos.

Agora, tendo em mente a importância da sua lista de expectativas para o sucesso da "contratação" mais importante da sua vida, pense em quais são as características importantes que você espera encontrar em um parceiro.

Para ficar mais fácil, primeiramente organize essa lista em tópicos como: valores, profissão, trabalho, construção de família, visão de futuro. Depois desses tópicos definidos, você conseguirá discutir melhor os assuntos e facilitar o alinhamento de suas expectativas com as do seu parceiro.

Por isso, quero que você tente responder às seguintes perguntas, para ajudar você a pensar melhor:

- Qual é o seu modelo ideal de relacionamento?

- O que você espera de alguém com quem vai se relacionar?

- Do que você precisa para sentir-se bem em um relacionamento?

- O que você não admite em alguém com quem vai se relacionar (o que você não quer que a pessoa seja, tenha como hábito ou faça)?

Então, chegou a hora: pegue uma folha de papel e uma caneta e escreva agora a sua lista de expectativas. Pense em todas as respostas que você deu às questões anteriores e organize sua lista em tópicos.

Lembre-se, porém, de que essa lista não é definitiva. Você sempre vai poder acrescentar, apagar ou mudar algo, de acordo com novos conhecimentos e experiências que você for acumulando. Mas tenha em mente que o ideal é que a lista seja sempre melhorada, mas não totalmente mudada. Afinal, você precisa realmente definir o que quer.

Sabe por que digo com tanta insistência? Porque o seu objetivo tem que ser justamente não aceitar qualquer coisa, mas sim tomar decisões conscientes, que a levem a um relacionamento de propósito, pleno e feliz.

Não se engane, não queira continuar sua busca sem ter feito essa lista. Aliás, só continue a leitura deste livro depois de já ter rascunhado no papel pelo menos cinco expectativas que você tem quanto ao seu relacionamento de casal – e, é claro, assumindo com você mesma o compromisso de desenvolver e aprimorar essa lista sempre.

Apenas para reforçar o seu entendimento sobre este ponto, vamos olhar juntas estas questões: você já parou para pensar quantas coisas na sua vida já deram errado, ou poderiam ter dado mais certo, simplesmente por falta de planejamento?

No Livro de Lucas 14:28 diz: "Mas qual de vós, querendo edificar uma torre, não se assenta primeiro a fazer as contas dos gastos, para ver se tem com que acabar?" Ou seja, é preciso planejar.

No caso dos relacionamentos, acredito que esse versículo poderia ser muito bem adaptado para "Mas qual de vós, querendo construir um grande relacionamento, não se assenta primeiro para planejá-lo, determinando o que ele precisa para ver se tem como ele vingar."

De novo, quero deixar claro: a confecção dessa sua lista de expectativas é uma das partes mais importantes dos 25 comportamentos que falaremos neste livro. Você vai precisar dessa lista para aproveitar melhor todas as outras estratégias sobre as quais vamos conversar. Então, faça sua lista já. Vamos lá... Pelo menos cinco itens bem pensados e escritos no papel.

A partir do momento em que você já tem uma ideia do que quer encontrar em uma pessoa para ser sua companheira – ou em seu companheiro, se você já está casada – chega a hora de pensar o que essa pessoa que você tem em mente também poderia estar procurando em alguém como você. E será preciso que analise a si mesma, para ver se você tem essas qualidades procuradas. É preciso ser muito sincera, porque mesmo que você ainda não tenha todas essas características, nada a impede de desenvolvê-las para atingir seu objetivo e seu sonho de ter um relacionamento de casal maravilhoso.

Pronto, você já sabe o que fazer nesta primeira etapa rumo ao casamento ideal. Agora já sabe o que quer e quem precisa se tornar para alcançar seu primeiro objetivo nessa área, que é encontrar seu parceiro ideal, ou reconhecê-lo no seu esposo. Com esse senso de direção apurado, você já se tornou mais dona do seu destino.

Se você já for casada, pode sugerir que seu parceiro leia este capítulo também e faça as mesmas atividades que você. Dessa forma, os dois se tornarão conscientes do que querem e do que não querem ter no relacionamento a dois. Será então muito mais fácil compartilhar seus pensamentos, seus desejos e sua vontade e aprender, no próximo capítulo, a gerenciar essas expectativas que surgem, quando você sabe o que de fato quer.

O QUE DIZ O FELLIPE

Eu não tinha uma lista escrita como a da Andréa e talvez por isso tenha cometido mais erros do que ela nessa área. Fui criado com afirmações de que aproveitar a minha juventude era ficar com o máximo possível de mulheres e essa afirmação passa um pouco distante da ideia de "seleção", de procurar pessoas por determinadas características.

Quando conheci Andréa, muito rápido percebi que ela era alguém diferente das mulheres que eu conhecia. Lembro-me de minha amiga falando: "Ela é uma menina de Deus, inteligente, responsável, não gosta de farra, comportada, enfim, ela não é pro seu bico."Aquilo de verdade me incomodou: como assim alguém com tantas qualidades não é para mim? É justamente ela que quero namorar.

Mas foi inevitável também pensar se minha amiga tinha razão. Eu sabia que, provavelmente, com a vida que eu levava naquele momento ela não iria querer nada comigo. Porém, eu já tinha claro o que queria para o Fellipe do futuro, e isso combinava com aquela Andréa. Naquele momento entendi que o que vamos ser lá na frente não é definido depois, é definido agora. Cada escolha que fazemos nos aproxima ou afasta disso.

Abri mão de muitas coisas para me encaixar na lista da Andréa. Mas não se engane, não fiz isso para que ela gostasse de mim. Fiz isso porque aquela lista dela se parecia demais com a pessoa que eu queria ser, com a pessoa que realizaria os sonhos que eu tinha e viveria a vida que eu imaginava.

Não foi fácil encarar esse desafio. Vivi vários conflitos ao longo deste livro que ainda quero compartilhar com vocês. Mas uma coisa eu entendi: a pessoa que decidirmos ter ao nosso lado fará o papel de âncora ou de balão naquilo que seremos. E quanto antes escolhermos quem terá esse poder sobre a nossa vida, maiores serão as chances de conseguirmos alcançar nossos objetivos.

Então, defina isso na sua vida e comece a construir o seu futuro agora.

2 faça um alinhamento de suas expectativas com as do seu parceiro

Uma vez que você cumpriu com as tarefas do capítulo anterior, então já tem escritas suas expectativas quanto a um relacionamento. Mas é claro que também já sabe que, se você não deixá-las claras, seu parceiro não tem como adivinhá-las, não é mesmo?

Certa vez, ouvi uma história que dizia que um senhor, durante anos, todos os dias no café da manhã, cortava as pontas do pão e dava para sua esposa. Depois ele cortava do restante do pão a parte que ele mesmo comia.

Um dia, seu neto, depois de observar aquilo acontecendo repetidamente, perguntou: "Vô, por que você sempre corta a ponta do pão e dá pra vó?"

O senhor respondeu rapidamente, enquanto olhava com carinho para sua esposa: "Porque é a parte mais gostosa do pão. E por isso gosto de dar para ela".

A esposa, que estava atenta tanto à pergunta do neto quanto à resposta do marido, disse: "Sério? Pois eu sempre preferi o meio do pão!"

Olha só que coisa! Durante anos, o casal comeu a porção de que não gostava do pão, achando que estava entregando a melhor parte para o outro e, dessa forma, demonstrando seu amor. O que não imaginavam era que se tivessem perguntado sobre isso, um ao outro, desde o início, em vez de terem presumido qual era a parte de que o outro mais gostava, poderiam ter passado a vida inteira satisfeitos, dividindo o pão de maneira que os dois comessem sua parte preferida. Faltou alinharem suas expectativas.

De fato, se você não perguntar, não vai saber o que agrada ao seu parceiro. Se você não disser, seu parceiro não vai saber o que agrada a você. E ficar brincando de tentativa e erro não é a melhor solução para um relacionamento de casal, não é mesmo?

Então, é hora de você, com amor e sem cobranças – afinal só podemos cobrar o que já foi ensinado ou falado – explicar para o outro quais as características, comportamentos e ações que a deixariam muito feliz por encontrar em seu parceiro. Sabe por quê? Porque é assim que a gente começa a consertar a nossa forma de nos relacionarmos.

Se você é solteira, vai passar a ter meios mais seguros para buscar um companheiro. Agora, se você já está em um relacionamento, é importante comentar com seu parceiro e valorizar as características que você deseja e que ele já tem. É hora de dizer a ele como você é grata por isso. Lembre-se sempre:

você atrai mais a abelha com mel do que com fel. Então, comece pelos elogios e reconhecimentos, exerça sua gratidão. E só depois faça sugestões do que mais, além de tudo o que já foi dito, poderá deixar você ainda mais feliz.

Fazendo um alinhamento de suas expectativas com as do seu parceiro é possível evitar muitos erros básicos no relacionamento. Digo isso porque é bastante simples perceber como o fato de ter suas expectativas e as de seu companheiro claras para ambos, e perfeitamente ajustadas, pode ajudar muito a preservar e até mesmo melhorar a saúde do seu relacionamento. Acompanhe neste exemplo uma situação bastante comum no dia a dia de um bom número de casais:

Depois de alguns anos de relacionamento, Dora esperava ser pedida em casamento pelo parceiro, porque estava se baseando apenas no tempo que já estavam juntos. Mas o pedido não acontecia porque Jair, seu namorado, não tinha isso ainda nos seus planos imediatos, porque acreditava que seria importante ele ter algum sucesso profissional antes de dar um passo tão sério quanto tirar a mulher que ama de casa, sem poder dar a ela, no mínimo, o mesmo conforto que ela possuía vivendo com os pais.

Sabe, é muito comum essa situação acontecer porque nenhuma das duas pessoas tem claro para si mesma, e para seu companheiro, o que realmente é importante para cada uma delas. Perceba como isso é algo que poderia ter sido resolvido com uma simples lista de desejos e valores quanto ao relacionamento, que tivesse sido escrita pelos parceiros e compartilhada entre eles, com a intenção de alinharem suas expectativas quanto à relação.

É muito importante entender que expectativas são geradas dos dois lados. E, da mesma forma que você precisa estar pronta para compartilhar o que espera do seu parceiro, esteja pronta também para ouvir quais são as expectativas dele quanto a você.

Só que nessa história tem mais um segredo que você precisa saber: para que esse seu esforço em melhorar seu relacionamento dê realmente certo, quando estiver ouvindo seu companheiro expondo as expectativas dele, deixe que ele fale tudo e não o interrompa. E, por favor, controle em você a vontade de se fazer de vítima – afinal, você é melhor do que isso, nasceu para ser uma protagonista da sua vida e tem tudo o que precisa para fazer do seu relacionamento a dois algo muito especial e feliz.

Depois que o outro falar tudo o que tiver a dizer, use de toda a maturidade que eu sei que há em você para não tentar justificar os erros que ele possa ter apontado em você. Ao contrário, pergunte a ele: "Como você acredita que eu posso melhorar?", "Como você gostaria que eu agisse ou reagisse nessa situação?"

Sabe por que você deve agir assim? Porque é você quem tem que assumir a iniciativa de trabalhar para ter um relacionamento extraordinário. Não tente passar essa responsabilidade para o seu parceiro. No Livro de Provérbios 14:1 diz que "A mulher sábia edifica a sua casa, mas com as próprias mãos a insensata destrói o seu lar." Eu acredito que só por estar lendo este livro você já se assemelha mais com a mulher sábia.

Agora vamos lá! Vamos fazer isso dar certo, de maneira organizada. Primeiro, a partir da lista que você já construiu no capítulo anterior, assinale os principais pontos que precisam ser discutidos com o seu parceiro. Para ajudar nisso, procure avaliar os seguintes pontos – recomendo muito que você faça por escrito esta avaliação:

- O que a pessoa que está ao seu lado já está oferecendo a você, dentro de sua lista de expectativas? Você precisa agradecer a ela por isso.

- O que a pessoa que está do seu lado ainda pode lhe oferecer, dentro das suas expectativas? Você precisa conversar com ela sobre isso.

Ótimo! Agora que você já pensou sobre o que quer, pense também sobre o que o outro quer ou espera de você. Talvez sejam coisas de que você até já saiba, mais ainda não faz. Mas tenha o cuidado de entender que você só sabe de fato sobre algo que o outro já lhe falou. Não caia no erro de achar que saber é adivinhar, ou pressupor, ou pensar que sabe porque o outro lhe "deu sinais" que a conduziram a isso. Nós não queremos mais errar nesse quesito e, para isso, precisamos ter uma comunicação muito clara nesse momento. Então descubra a verdade, perguntando diretamente ao seu companheiro quais são as expectativas dele quanto à relação de vocês.

O ponto aqui é saber o mais clara e verdadeiramente possível quais são as expectativas do outro. Então, lembre-se de que quanto mais sincera for essa conversa entre vocês, mais chances têm de evoluir como casal.

Agora, deixe-me dizer-lhe algo bem delicado: entenda que esse processo de alinhamento de expectativas não é um espaço para "encontrar culpados" ou para acusações. O propósito aqui não é apontar o quanto o outro é falho ou o quanto ele está distante do que você espera. O seu propósito aqui é falar e esclarecer sobre suas expectativas e também saber o que o outro busca, o que o faz feliz, para construírem, assim, as bases de um relacionamento pleno e duradouro, em que os dois se sintam realizados.

Esse processo requer toda a sua atenção e dedicação para dar certo. Quando você está em uma sala de aula, ou ouvindo algo que considera muito importante, normalmente você escreve tudo aquilo que está sendo dito, não é verdade? Ou, pelo menos, anota os tópicos que a lembrem do que é importante. Então, não deixe de fazer o mesmo neste processo. Mostre para o seu parceiro que você realmente está prestando atenção nele, que quer saber o que ele espera da relação, tem interesse em conhecer o que realmente importa para ele no relacionamento de vocês.

É importante compreender que todas essas atividades são essenciais para você colocar em prática uma forma de procurar errar menos e acertar cada vez mais na sua relação de casal.

Agora vem a parte mais importante de toda esta nossa conversa. E você pode estar querendo me perguntar: "Poxa, Andréa, mas o momento mais importante não foi falar tudo com o meu companheiro?" É claro que esse é um dos momentos mais importantes da sua vida. Mas de nada adianta você saber tudo o que o outro quer, ou espera de você, se não estiver disposta a fazer algo a respeito disso. É preciso agir e ajustar o seu modo de ser e fazer as coisas de tal maneira que você possa satisfazer as expectativas do seu parceiro.

Entenda: muitas vezes, fazer o que é preciso vai exigir sacrifícios. Mas eu quero que você pense sobre o seu relacionamento, não baseada no que vocês já viveram ou estão vivendo, não baseada em suas frustrações, decepções ou mágoas, mas lembrando da visão de futuro que você tem, que é de um relacionamento com propósito, mais pleno e feliz.

Então, você precisa estar disposta a se sacrificar, se for necessário. Eu sei que às vezes pode parecer difícil pensar nisso tudo, fazer essa tarefa de construir a sua lista e conversar com seu companheiro e se entregar à certeza de que isso vai ajudar no seu relacionamento. Mas quero dizer a você que eu também já pensei assim, mas não desanimei e hoje estou colhendo no meu relacionamento os frutos maravilhosos que plantei. Garanto para você que isso funciona, que seu empenho lhe trará excelente resultados.

Vamos lá! Escreva em um papel tudo o que você está disposta a mudar em seu modo de ser e fazer as coisas, para conquistar um relacionamento a dois muito melhor. Como você fará isso? Seja sincera consigo mesma e escreva algo que você realmente esteja disposta a fazer.

Mais uma vez, compartilhe suas anotações com seu parceiro, pergunte se é aquilo mesmo que ele está imaginando e esperando de você. Pergunte se ele pode ajudá-la nesse processo de mudanças e como.

É importante lembrar que, tentando acertar, vocês podem errar no caminho, não intencionalmente, mas porque ainda estão aprendendo. Quando isso acontecer, não coloquem tudo a perder dizendo coisas como: "está vendo, você nunca vai mudar", "você sempre age assim", ou qualquer outro tipo de acusação que anule tudo de bom que vocês vêm fazendo.

Em cada dificuldade, ou mesmo em cada erro que cometerem, respire fundo e, se não tiver controle emocional para reagir de modo construtivo, não diga nada. Apenas continue o bom trabalho que vocês já começaram.

Em algum momento, aquelas acusações do tipo "você sempre faz isso" vão deixar de existir porque, sem que vocês percebam, já terá passado bastante tempo sem que cada um de vocês faça o que não agrada ao seu companheiro. E vocês terão conquistado mais um degrau na caminhada rumo a um relacionamento extraordinário.

O QUE DIZ O FELLIPE

Andréa sempre foi uma mulher independente e essa é uma das características que sempre admirei e valorizei nela.

Quando começamos a trabalhar juntos, ainda não éramos casados e ela não tinha as obrigações de um lar, como tem hoje.

Lembro-me de que nove meses depois de termos casado, tivemos uma primeira conversa séria sobre como estava nosso casamento. Andréa continuava trabalhando muito, como antes, e muitas vezes ficávamos vários dias sem nos vermos. Lembro-me de ter perguntado se ela queria mais ser uma mulher dos negócios ou uma esposa, e ela não ter entendido por que tinha que escolher. A verdade é que não tinha mesmo. Apenas faltava mais equilíbrio entre essas duas áreas da vida dela.

Quando perguntei se ela poderia passar mais tempo em casa, fazer um pouco menos de eventos, marcar viagens quando eu estivesse viajando, para que quando eu voltasse ela também estivesse em casa, para minha surpresa ela se sentiu aliviada. Ela estava muito cansada, acumulando as funções de casa com tudo o que ela já fazia. Nunca tinha tempo nem para a gente, nem para ela mesma. Mas continuava trabalhando muito, porque pensava que era isso que eu esperava dela.

Nós dois queríamos a mesma coisa – que ela desacelerasse um pouco, descansasse mais e que tivéssemos um pouco mais de tempo para estarmos juntos, mas como nunca tínhamos falado claramente sobre isso, acabamos criando, por um tempo, expectativas erradas do que um esperava do outro e agindo de acordo com isso.

Acredito que aquela foi a conversa em que mais aprendemos sobre alinhamento de expectativas. E depois dela tudo mudou para melhor: ajustamos nossas atividades de modo a conquistar algo que era muito importante para a nossa felicidade.

Andréa aprendeu rápido que não devemos esperar que as coisas piorem para só depois tentar melhorar. Por isso, vez ou outra ela vem até mim, quando vamos dividir as funções na empresa, ou até mesmo nas questões da casa, e me pergunta: "O que você espera que eu faça?" Fico imensamente feliz porque reconheço de imediato que ela está alinhando suas expectativas com as minhas.

Cada vez mais reconheço na Andréa a esposa que eu sempre quis e a mulher independente que sempre admirei. É poderoso saber como podemos acertar no nosso relacionamento.

Hoje, tenho a certeza de que o alinhamento de expectativas faz muito pela gente.

3 faça um alinhamento de valores com o seu parceiro

De início, deixe-me falar para você: valores são aquelas características que determinam a forma como nos comportamos e interagimos com outros indivíduos. São aquelas qualidades que atraem o respeito e a consideração dos outros. Eles definem o que é certo ou errado e o que é importante na vida, em termos morais, culturais e sociais. São, desse modo, fundamentais para a estruturação de uma relação de casal.

Agora, pense comigo: quais são os valores essenciais para o casamento? Na minha maneira de ver, são a honestidade, a responsabilidade, a humildade, a cortesia, a solidariedade, a tolerância e a flexibilidade. Existem ainda outros valores que fazem a diferença em um relacionamento de casal, mas o mais importante é saber que é preciso respeitar sempre os seus valores, os valores do seu companheiro e os valores próprios do casamento.

Mais ainda, seus valores precisam ser compatíveis com os valores de seu companheiro. Caso contrário, ficará muito difícil a convivência e a construção de uma relação duradoura e sólida. Então, é fundamental fazer um alinhamento entre esses valores. Saber quais são e respeitar os valores do nosso parceiro permite até mesmo prever como ele irá interagir conosco.

É lógico que o tempo de convivência é excelente para conhecermos melhor os valores da pessoa com quem estamos nos relacionando. É na vivência das variadas situações do dia a dia que nossos valores se mostram e que aprendemos a conhecê-los.

Eu sei que você está pensando sobre o que estou dizendo e talvez esteja se perguntando como é que funciona essa história de valores na nossa vida. Para deixar isso claro, quero contar-lhe algumas passagens da minha vida, que são bem ilustrativas.

Lembro-me de que, quando eu era criança, todo sábado minha mãe me dava dinheiro para alugar um filme e me deixava ir à casa de uma amiga para assistirmos juntas. Mas era regra que eu deveria estar em casa novamente até as 16 horas. Minha mãe dizia que eu poderia continuar indo ver o filme com minha amiga toda semana, desde que sempre voltasse no horário. Caso não cumprisse esse compromisso, ela entenderia que eu não tinha levado a sério o nosso acordo e que não poderia confiar em mim. Então, todos os sábados eu pude continuar fazendo esse programa, porque em nenhum dia eu cheguei atrasada em casa. Ter a confiança da minha mãe era algo muito importante para mim. Essa responsabilidade foi um valor que eu aprendi muito cedo.

Quando comecei a namorar, eu tinha que chegar em casa até as 22 horas. A maioria dos meus amigos estavam saindo de casa nesse horário, mas essa era uma condição que meus pais tinham colocado, e eu não contestava – eu já cheguei a sair de restaurantes sem comer, porque a comida havia atrasado e eu não queria chegar em casa fora do horário.

Além da confiança dos meus pais, que eu não queria perder, aquela era minha forma de mostrar que eu honrava meu pai e minha mãe, como pede um dos 10 mandamentos bíblicos. E eu sempre acreditei que esse era um dos princípios para eu ser bem-sucedida. Isso até hoje é um valor da minha vida.

Percebe qual é a ideia? Valores são princípios que são tão importantes para você que, mesmo que muitas vezes queira fazer o contrário, você não faz porque sabe que o que ganharia naquele momento é muito menos precioso do que o que estaria perdendo se o fizesse. Negar um valor seu é sacrificar algo extremamente importante em função de um prazer imediato e temporário.

Agora quero dizer como isso se encaixa nos relacionamentos de namoro, ou de casal. Talvez você esteja se perguntando como o Fellipe reagia a essas regras. Posso garantir que, a princípio, ele ficava muito irritado, porque na casa dele não havia regras assim. Mas, ao mesmo tempo, ele me dizia que toda aquela preocupação que meus pais tinham só o fazia querer cuidar mais de mim, porque ele sabia que havia pessoas que verdadeiramente se preocupavam comigo.

Esse é o ponto: você não precisa ter que abrir mão dos valores que tem para ficar com quem você quer. Pelo contrário, a pessoa que decidir estar ao seu lado precisará entender e valorizar aquilo em que você acredita.

Tudo bem que cada um tenha seus valores, mas isso deve ser respeitado por ambas as partes do casal. É importante sim que boa parte dos valores dos dois sejam os mesmos, porque isso facilita muito a relação. Mas naqueles casos em que os valores não são cem por cento compatíveis é preciso que se chegue a um acordo em que ambos consigam lidar com eles, para que não prejudiquem a relação.

Sim, é possível viver em harmonia com alguém que tenha alguns valores opostos aos seus, mas é necessário fazer um alinhamento cuidadoso deles com seu parceiro, para que a relação possa ter maiores chances de dar certo.

O importante é compreender que, quando os valores de ambos são compartilhados e alinhados, isso é muito mais poderoso do que qualquer diferença que possa haver entre os parceiros em um relacionamento de casal.

A escritora russa Ayn Rand escreveu que a felicidade é um estado de consciência que provém da realização dos valores da pessoa. Portanto, é possível concluir que a felicidade do casal vem do alinhamento dos valores dos dois parceiros e da realização desses valores no relacionamento a dois.

Vou dar um exemplo bem simples, para que fique mais claro como é possível fazer um alinhamento de valores diferentes e ajustar a situação para que a relação ganhe harmonia.

Cida cresceu em um lar em que todos sentavam juntos à mesa para almoçar. Aquele era o melhor momento do dia, já que compartilhavam uns com os outros tudo que queriam e o que era importante.

Jaime, por outro lado, cresceu em uma casa em que seus pais tinham apenas uma hora de almoço, o que não era tempo suficiente para almoçarem em casa. Então, levavam marmita para o trabalho e deixavam comida pronta para que ele só precisasse esquentar, mas Jaime invariavelmente almoçava sozinho.

Quando Cida e Jaime se casaram, tinham expectativas e valores diferentes em relação àquele momento do dia. Cida passou a cobrar cada vez mais que Jaime estivesse com ela no almoço e ele acabou ficando cada vez mais irritado, porque no seu curto tempo de almoço não dava conta de fazer isso – e, por fim, começou a achar que Cida estava sendo egoísta ao pensar só nela.

A situação aconteceu não só porque eles tinham valores diferentes em relação àquele momento, mas principalmente porque não conversaram sobre o que poderia ser feito em relação a isso.

O que Cida priorizava era aquele momento que poderiam ter juntos, que na sua família acontecia no horário de almoço, e estava tão focada no desejo de que no seu relacionamento fosse da mesma forma que deixava de pensar que seu esposo tinha condições diferentes de trabalho do que seu pai quando ela era solteira.

Jaime, em contrapartida, estava tão acostumado em não ter esse momento com sua família nesse horário que não entendia a importância daquilo para Cida e se irritava com suas cobranças. Ele entendia que não estava fazendo nada de errado porque, afinal, ele não almoçava com ela porque estava trabalhando e seu intervalo de almoço era curto demais para conseguir fazer isso.

Esse caso foi resolvido quando Jaime e Cida concordaram que teriam um momento de refeição juntos, para compartilharem seu dia, mas na hora do jantar. Na família de Jaime isso não era comum, porque cada um chegava em um horário diferente, comia quando quisesse e fazia o que queria, como assistir televisão, ler um livro e até mesmo deixar as refeições do dia seguinte prontas. Isso não significava que não conversavam, mas não tinham um tempo definido para isso. Mesmo assim, sabendo da importância daquele momento para Cida, ele decidiu fazer desse um novo hábito porque, apesar de não ser um valor para ele, era um valor para ela. E fazer Cida feliz importava muito para ele.

Cida, por sua vez, passou a reconhecer que seu esposo trabalhava muito e deixou de cobrá-lo por fazer algo que realmente não era possível. Sugeriu que o jantar fosse esse momento especial para eles e passou a tornar essa ocasião boa para os dois. E com o passar do tempo, esses momentos passaram a ser valorizados também por Jaime.

Enfim, esse é o ponto para o qual quero chamar sua atenção: alguns valores do seu parceiro se tornarão importantes para você, não porque serão os mesmos que os seus, mas porque você sabe que agindo de acordo com eles não vai ferir o que você acredita e ainda vai demonstrar o seu amor por quem ama. E vice-versa, sob o ponto de vista do seu parceiro. Isso se chama alinhamento de valores.

Agora é hora de pensar sobre os seus valores, principalmente aqueles que são muito importantes para você e formam a base do seu caráter e do seu modo de ser e pensar.

Eles precisam estar claros para você porque, caso contrário, não vai ser possível saber se o seu parceiro tem valores semelhantes e nem será possível haver um entendimento de vocês sobre esses aspectos.

Para ajudar você a identificar seus valores, coloquei aqui algumas perguntas:

- Quais os valores que você tem sobre família?
- Quais os valores que você tem sobre relacionamento de casal?
- Quais os valores que você tem sobre trabalho e dinheiro?
- Quais os valores que você tem sobre espiritualidade?
- Quais os valores você tem sobre saúde?

Liste os seus valores e separe-os em dois grupos: aqueles que são inegociáveis, de que você não abre mão, e os que são mais flexíveis, mais passíveis de uma negociação, em que você pode ceder um pouco, ou mesmo abrir mão, em função de um maior entendimento com seu parceiro. Acredito que é importante ser flexível em tudo o que você puder, porque isso facilita muito o casal chegar a um entendimento e melhorar a relação.

Imagino que seus valores começaram a ficar mais claros na sua cabeça, com o auxílio dessas perguntas. E com certeza ficaram ainda mais evidentes quando você os escreveu em um papel e os separou nos dois grupos de que falei. Agora você pode escrever, ao lado de cada um desses valores que listou, a explicação do porquê eles são assim tão importantes na sua vida. Saber esses porquês será decisivo para que seu parceiro os compreenda, quando você falar sobre eles.

Sempre que falo sobre valores, lembro de uma história bem delicada da minha vida, que costumo contar apenas para pessoas muito especiais. Então, vou contar para você:

Quando eu era criança, meus pais chegaram a se separar, mas logo voltaram a viver juntos. Mas lembro que todas as vezes que vi meu pai aprontando algo, ele estava bêbado. E essa associação foi ficando tão forte em mim, que logo decidi que não queria me relacionar com alguém que tomasse bebidas alcoólicas. Eu sei que você pode estar pensando: "Poxa Andréa, mas nem todo mundo que bebe apronta."E eu acredito no mesmo que você, só não queria correr o risco de pagar o preço de namorar alguém que bebesse, para depois descobrir se iria saber lidar com a bebida ou não.

Então, quando conheci Fellipe, aquele era um valor tão importante para mim, que logo que ele me chamou para sair, para que pudéssemos nos conhecer melhor, a primeira pergunta que fiz foi se ele bebia. Ele, sem ver maldade na pergunta, disse que sim, que bebia socialmente. E eu recusei imediatamente o convite dele.

Lógico que ele ficou assustado e me perguntou o porquê e eu expliquei meus motivos, falei que queria diminuir ao máximo as chances de acontecer no meu relacionamento o que havia acontecido com meus pais. Ele entendeu que tinha lógica no que eu havia falado e percebeu como meus valores eram claros em relação ao que eu queria.

Para ele, beber não era algo de que realmente gostava. Ele bebia, na maioria das vezes, só para acompanhar os amigos. Então, decidiu abrir mão daquilo, pensando em como era importante para mim e como isso nos aproximaria.

Com essa história, quero ajudar você a entender que quando se tem valores e motivos claros para aquilo em que se acredita e é importante, fica mais fácil para que o outro entenda e, quem sabe, passe também a valorizar o mesmo.

Agora é a sua hora de parar, pensar e agir. Faça a sua lista de valores. Escreva pelo menos um valor que você tem em cada uma das áreas da sua vida, para que fique mais fácil entender o que a move, em que você acredita, por que pensa assim e quem se encaixaria nessa vida a seu lado.

É lógico que, a estas alturas, você já percebeu que começou a ler este livro pensando em uma forma melhor de encontrar seu futuro parceiro, ou então em melhorar a relação com aquela pessoa que já está com você. Na sua mente, você busca meios para construir um relacionamento a dois muito melhor. Mas, sem dúvida alguma, nesse processo, já percebeu que está fazendo mais descobertas sobre você mesma do que imaginava. E isso é normal, porque só conseguimos ter um relacionamento a dois melhor, quando entendemos que é preciso conhecer mais sobre nós mesmos.

Então, vamos em frente. Depois que sua lista estiver pronta, compartilhe-a com seu parceiro e procure fazer um alinhamento com a lista de valores dele. Perceba que se você vem fazendo mais descobertas sobre você mesma nesse processo, o mesmo vai estar ocorrendo com ele e ambos vão aprender muito sobre como construir juntos uma relação extraordinária.

Essa é a grande oportunidade de cada um de vocês conhecer melhor a si mesmo e ao outro. E tornar mais feliz a sua relação.

O QUE DIZ O FELLIPE

Os valores de Andréa eram tão claros que me fizeram pensar nos meus.

Sabe, muitas vezes eu só não ficava com mais raiva de ter que sair de um lugar mais cedo, de ter horário para deixá-la em casa, porque não me sentia no direito de brigar com ela por algo que, desde o início, ela já havia me explicado que seria daquela forma.

Em algum momento, comecei a olhar tudo aquilo de outra maneira. Eu sabia que se ela era alguém que respeitava e honrava o que havia combinado com seus pais, ela faria o mesmo comigo. E realmente isso tem acontecido sempre.

Lembro-me de um episódio que aconteceu recentemente e me reforçou essa certeza. Andréa foi a um aniversário de uma amiga nossa, em outra cidade, e como eu não pude ir, ela combinou que até a meia-noite voltaria da festa para o hotel onde estava hospedada. A festa começou tarde, eu sei, havia muitos amigos nossos lá e acredito até que se não tivéssemos combinado ela teria ficado um pouco mais. Mas no horário marcado, ela me mandou uma mensagem dizendo que já estava voltando.

Com certeza, ela não aprendeu isso no casamento. Ela trouxe isso do que aprendeu desde muito cedo com seus pais. Então, hoje olho para esse comportamento que ela tanto valoriza e entendo que valeu a pena me alinhar a ele. E entendo que todos os dias que eu tinha ficado irritado pelas vezes que ela cumpria à risca o horário de voltar para casa que tinha combinado com seus pais, se transformaram em gratidão por ter ao meu lado alguém tão fiel a valores que aprendi tanto a admirar.

Meu conselho: pense a longo prazo. Avalie quais são os valores que farão de você um esposo feliz, ao reconhecê-los na sua esposa. E procure, para estar ao seu lado, alguém que tenha esses valores.

4 concilie sua bagagem familiar com a do seu parceiro

Quando você ouve a palavra bagagem, quais são as primeiras ideias que vêm à sua mente? Algo que você carrega por necessidade, por obrigação, ou mesmo por descuido. E essa bagagem pode ser boa e útil, mas também pode ser um fardo que atrapalha a sua caminhada.

Muitas vezes nos preocupamos somente com o peso da bagagem e achamos que basta nos livrarmos de algumas coisas, deixando só o que consideramos essencial. Mas, na verdade, temos que analisar a qualidade da bagagem e também o tempo que a carregamos.

Agora você deve estar se perguntando "E o que isso tudo tem a ver com o relacionamento do casal?" Tem muito a ver, porque grande parte dos conflitos nos relacionamentos a dois tem como origem a "bagagem" que cada um dos parceiros traz de sua família de origem. E isso se torna ainda mais difícil de administrar porque nem sempre essa bagagem está visível, nem sempre essa influência é clara para o casal.

As ideias que temos sobre nós mesmos e sobre os relacionamentos se originaram a partir da nossa infância, baseadas nas experiências e modelos que tivemos ao nosso redor, em especial com a nossa família. E não é incomum que venhamos a reproduzir esses comportamentos em nossas relações.

É por isso que eu sempre faço a seguinte analogia: antes de entrarmos no casamento, deveríamos passar toda a nossa bagagem pelo Raio-x, como aqueles dos aeroportos. Assim poderíamos ver quais bagagens são inflamáveis, pontiagudas ou perigosas para a nossa relação. E então selecionaríamos o que nos interessa carregar e o que poderíamos abandonar.

Perceba que nem tudo o que trazemos na bagagem precisa ser levado conosco para sempre. Precisamos deixar de carregar coisas de que já não precisamos mais, que já não têm validade para o nosso momento atual, ou mesmo que possam ameaçar a nossa felicidade.

Sabe por que eu digo isso? Porque é bastante comum que a maior referência que tenhamos de relacionamentos seja aquele que vimos nos nossos pais – mesmo que ele tenha sido todo torto e desajustado. Mas a primeira coisa que precisamos ter consciência é de que, apesar disso, o relacionamento deles não precisa definir o nosso. Não precisamos carregar conosco essa bagagem.

Não importa os exemplos que você teve na infância. Agora, como adulta, cabe a você decidir que caminhos quer seguir e, com isso, definir o tipo de relacionamento que quer ter.

Na Bíblia, no Livro de Efésios 5:31, diz "Por esse motivo, o homem deixará pai e mãe e se unirá à sua esposa, e os dois se tornarão uma só carne". Quando no versículo é usado o verbo "deixar", ele não se resume apenas ao aspecto físico, a mudar de casa, por exemplo, mas também a heranças emocionais e opiniões que não vão aproximar você do relacionamento que quer ter.

Agora já estou até ouvindo você dizendo "Mas Andréa, que absurdo é esse? Como assim devo deixar minha mãe e meu pai? Eu nunca os abandonaria". Mas não se assuste. Não é isso que estou dizendo. Ninguém está falando sobre abandono dos pais. O que está sendo dito é que, depois do casamento, sua família passa a ser seu esposo e seus filhos e os demais se tornam seus parentes. "Ahhhh, mas eu não concordo com isso", você pode insistir. Nesse caso, é melhor que não se case. Já é difícil gerir as expectativas do casal, imagine então ter que envolver mais pessoas nesse relacionamento. Entenda: você sempre deve honrar seus pais, só que, assim que se casa, sua primeira obrigação passa a ser com a sua nova família, ou seja, com seu marido.

Para ficar mais claro, leia este exemplo e perceba como o que acabamos de dizer pode gerar conflitos para o casal:

Todos os dias, depois que sai do trabalho, José passa na casa da mãe. Por estar lá e gostar da comida, com frequência ele acaba jantando. Enquanto isso, conversa com os pais e acaba contando para eles como foi seu dia.

Quando chega em casa, encontra sua esposa que o aguarda para o jantar. Ele de novo está atrasado, ela ligou, mas ele não atendeu – o telefone estava na mochila. Ele não quer comer porque já fez sua refeição com os pais e quando ela pergunta como foi seu dia ele diz simplesmente "foi bom", sem os detalhes que ela esperava ouvir – ele não quer contar tudo de novo, porque já falou sobre isso para seus pais.

Lucia não entende por que ele não atendeu o telefone – afinal, se estava na casa de seus pais poderia ter feito isso. Então, insiste para saber se era lá mesmo que ele estava. Ela não está ferida somente por isso, na verdade está chateada por ter se esforçado para fazer a comida preferida dele e ter que jantar sozinha. Além do mais, ela estava ansiosa para conversar e, pelo visto, ele não quer fazer o mesmo.

Por fim, ela diz: "Minha mãe disse que meu pai fazia exatamente o que você está fazendo, quando estava traindo ela." E o dia não poderia acabar pior. José se sente ofendido e Lúcia traída e magoada.

Esse exemplo parece até uma disputa para ver quem erra mais.

José se casou e continua com os mesmos hábitos de solteiro, não consegue ainda entender para qual casa ele deve voltar, nem com quem deve se relacionar com prioridade. Ele pode visitar os pais, sim! Pode contar sobre o seu dia para eles, sim! Mas se tiver que manter uma comunicação mais ativa com uma única pessoa no dia, com quem ele deve fazer isso? Com sua esposa, porque depois do casamento ela deve ser sua prioridade e vice-versa.

Lucia, por outro lado, tentou resolver os problemas que tinha com José falando com sua mãe. Provavelmente, fazendo queixas a ela sobre ele. E aqui quero lhe contar um segredo para o qual peço muito sua atenção: não há nada mais feio e prejudicial para a relação do que uma esposa falando mal do seu esposo para outra pessoa, seja ela quem for. O que te incomoda no seu esposo, seus erros, seus defeitos, é algo que deve ser resolvido entre vocês. Você não deve ser alguém a mais no mundo para acusá-lo ou apontar seus erros, mas sim alguém que quer apoiá-lo e ajudá-lo a se tornar melhor. Lembre-se de que vocês são uma família. Então, esses defeitos que você tanto vê nele agora também são seus.

Outro erro grave nesse exemplo foi Lucia ouvir a comparação que sua mãe fez do seu esposo com o seu pai e acreditar nela, acusando José. Entenda, você precisa começar a ouvir conselhos de quem sabe o que está fazendo. Não quero dizer que precisa ouvir conselhos só de quem nunca errou, mas precisa ouvir, pelo menos, de quem já aprendeu com seus erros.

Pare e pense: você acredita que o relacionamento que seus pais têm é exatamente aquele que você quer ter? Então, comece a pensar se eles são mesmo os seus melhores mentores nessa área.

Tenha muito cuidado com as comparações. Não transfira para o seu marido os erros que você está acostumada a ver no seu pai. Eles são pessoas diferentes. E por mais que agora um assumiu o lugar do outro na sua vida, como figura masculina, seu marido não está assumindo os erros do seu pai. Então pare de avaliá-lo e julgá-lo por eles.

É lógico que você já entendeu que o maior problema nesse exemplo foi a bagagem que José e Lucia trouxeram para o casamento. Tendo isso claro, é hora de pensar carinhosamente o quanto é necessário esclarecer até que ponto é saudável para um casal permitir esse tipo de interferência. É hora de parar para pensar quais são as bagagens que você e seu companheiro trouxeram para o seu casamento e o que vocês precisam deixar para trás.

Claro que não precisam abandonar tudo o que trouxeram como bagagem. Tenho certeza de que vocês também aprenderam muitas coisas boas com seus pais. Algumas pessoas, inclusive, vieram para o casamento com uma referência incrível de casa e já sabendo muito mais sobre como podem ter um relacionamento de sucesso com seu parceiro. Porém, você também sempre pode olhar para as experiências ruins que teve e aprender como não repetir isso no seu relacionamento atual.

O mais importante, acredito, é vocês reconhecerem o lugar de cada pessoa na vida de vocês e permitir que cada um assuma esse devido lugar. Se a mulher da sua vida sempre for sua mãe, você não terá espaço nela para uma esposa. Se o homem da sua vida sempre for seu pai, você não terá espaço nela para um esposo. Entenda que cada um tem sua importância e isso não é uma competição, porque só competimos quando lutamos pelo mesmo lugar ou pela mesma "coisa" e, neste caso, cada um tem um lugar, sua posição e suas obrigações diferentes. Sem necessidade de conflito ou de interferências prejudiciais.

Agora, pare um momento sua leitura e respire profundamente. Eu sei que esse não é um assunto fácil de ser falado. Quando estiver pronta para pensar racionalmente sobre isso, reflita sobre as seguintes perguntas:

- Quais são as heranças familiares que você trouxe para seu relacionamento?

- E quais são as que o seu companheiro trouxe?

Depois de ter as respostas claras para essas perguntas, decida:

- Quais dessas heranças devem permanecer, devem ser lembradas e cuidadas para que nunca sejam esquecidas, já que fazem parte do relacionamento que vocês querem construir?

- De quais dessas heranças vocês devem se despedir, porque já não combinam com a vida que estão tendo ou querem ter?

Enfim, seja qual for a bagagem que vem trazendo, você não precisa permanecer presa ao passado e às dores que ele causou em você. Isso só iria prejudicar o seu relacionamento de casal.

Então, está na hora de você assumir o controle sobre as influências que deixará entrar no seu relacionamento. Você já sabe o que procura, as características que valoriza, os valores que preza. Agora sabe também quais bagagens está disposta a carregar e quais precisa deixar para trás, mesmo que em algum momento tenham sido importantes para você.

Mais um conselho: ao deixar para trás alguma bagagem que não lhe serve, não sinta como se estivesse perdendo algo. Tenho certeza de que você já reparou que despedidas, com frequência, vêm acompanhadas de grande aprendizado. Entenda que esse não é um momento de perda, mas sim um momento de crescimento.

Quando coloca pessoas em outro lugar na sua vida, não significa que você está rompendo laços. Apenas significa que você aprendeu a caminhar "sozinha". Significa que você cresceu, que já pode tomar suas próprias decisões e assumir as consequências de cada uma delas.

Hoje, eu olho para os meus pais com gratidão. Sei bem que eles não são perfeitos e nem eu sou. Não quero colocar neles o peso e a responsabilidade pelos meus erros porque sei a adulta que sou e quero ser tratada como tal. Por isso, pelo privilégio da escolha que tive de assumir minha vida, sou responsável pelo meu destino.

Para que você fique bem resolvida quanto a essa questão de deixar para trás as bagagens que já não lhe servem, convido você a escrever uma carta de gratidão aos seus pais e a tudo o que aprendeu com eles – mesmo que o aprendizado tenha sido sobre o que você não deve fazer.

Nessa carta, aproveite para deixar claro a pessoa que você se tornou e o privilégio que tem agora de ter alguém como seu esposo para dividir as decisões da sua vida. Escreva e diga para seus pais o quanto eles são importantes para você e qual é o lugar deles na sua vida. Fale sobre seu parceiro e como é importante para você que eles entendam que cada um tem um lugar especial nesse novo modo de viver que você conquistou.

Então, agora que você está mais leve, vamos caminhar juntas por mais alguns comportamentos que vão, pouco a pouco, conduzir você para o relacionamento de propósito, pleno e feliz, que você almeja.

O QUE DIZ O FELLIPE

Eu fui criado para ser um homem diferente do que sou, no que diz respeito a relacionamentos. E um dia, percebi que precisava fazer uma escolha. Se eu continuasse ouvindo os conselhos que me davam, eu teria que ter a mesma vida de quem me dava esses conselhos. E eu, claramente, não queria isso.

Sabe, às vezes é mais fácil seguir a correnteza, fazer o que a maioria das pessoas fazem. Mas isso não quer dizer que vale mais a pena.

Não foi uma, nem foram duas, nem três as vezes que me zombaram pelo rumo que decidi tomar e pelas bagagens que decidi não carregar. Mas por mais que durante algum tempo eu tenha tentado seguir a vida que me diziam ser boa, eu me sentia como uma peça de quebra-cabeça que não tinha onde se encaixar. E não tinha como mesmo, porque eu não era uma peça errada, eu só estava no quebra-cabeça errado. Entender isso me fez procurar por pessoas que queriam viver o mesmo que eu.

Por isso, não acredito que você é o que é por culpa de alguém. Acredito que você é o que é, e faz o que faz porque decidiu aceitar determinadas influências na sua vida.

Decida qual tipo de relacionamento você quer ter e quais as influências que poderiam ajudar você a alcançar isso. E esteja ciente de que você tem o direito de escolher não carregar consigo bagagens que o atrapalhem de realizar uma vida a dois maravilhosa.

5 aprenda a valorizar as pequenas coisas do dia a dia

Certa vez, ouvi uma frase que dizia "primeiro as primeiras coisas, depois as segundas coisas". Parece óbvio, não é mesmo? Mas tem muita sabedoria nessa frase. Sim, porque quantas vezes fazemos o inverso disso no nosso dia a dia?

Todos nós temos muitas obrigações durante o dia, isso é fato. Por isso mesmo precisamos definir o que é prioridade, para não corrermos o risco de deixar de lado o que é essencial. E o cuidado com o nosso relacionamento deve estar incluído entre nossas maiores prioridades.

Agora, numa conversa de amiga, deixe-me contar um segredinho: os cuidados necessários à saúde do nosso relacionamento de casal devem estar nos detalhes, nas pequenas coisas do dia a dia.

Procure lembrar de um dia que foi muito especial para você. Se você já é casada, quem sabe se lembre do dia do seu casamento. Se você ainda é solteira, com certeza também já pensa sobre como será esse dia. Em qualquer dessas situações, é normal pensar com carinho nos detalhes e defender que eles fazem toda a diferença. Isso porque eles realmente fazem.

Sabe por que muitas pessoas acreditam que namorar é melhor do que casar? Porque o namoro é o tempo dos detalhes. As mensagens antes de dormir e a primeira mensagem ao acordar. Os bilhetinhos escondidos para você encontrar, um jantar surpresa, a produção para a saída do sábado.

O que as pessoas precisam entender é que isso pode e deve continuar depois de casados. Os detalhes precisam ser cuidados no dia a dia da relação. Só que agora você tem uma infinidade de opções a mais para fazer isso, já que estão juntos e se conhecem muito melhor.

Sabe, é muito comum as pessoas pensarem que os detalhes são necessários só para a conquista e que o casamento já é a "conquista final" e que nada mais de "paquera" é necessário. Esse é um grande engano. O casamento é como uma planta, que não cresce por si só e nem mesmo fica saudável se não for cuidado. Se o casamento não for "regado" e cuidado nos seus detalhes, ele morre.

Calma! Sei que talvez agora você esteja respirando com dificuldade e dizendo para si mesma algo como "Eu não sei como darei conta de fazer mais isso. Minha vida de casada está tão corrida... Como vou poder dar atenção aos detalhes da minha relação?" Mas, acredite, não estou falando de preparar grandes surpresas para o seu companheiro, que podem demandar muito tempo. Estou falando das pequenas coisas práticas do dia a dia, que você pode fazer intencionalmente, só para demonstrar o seu amor.

Pedi autorização a um amigo, o Junior Pedroso, para compartilhar com você um texto que ele postou em suas redes sociais e que fala exatamente disso que estamos conversando. Veja que incrível:

"***As pequenas coisas são grandes***

Semanalmente converso e convivo com pessoas que passam por problemas conjugais.

E quem não os tem?

A grande questão é saber resolvê-los.

Não existem bons relacionamentos sem bons consertos.

Quero parar tudo hoje para contar algo.

Para alguns, será algo bobo, supérfluo.

Mas pra gente, tem valor.

Dias atrás, compramos algumas coisas para casa e, dentre elas, escovas de dentes.

Logo no dia, a Aline substituiu a dela – que estava um pouco mais usada que a minha.

Perguntou se eu não iria substituir também.

Disse que não precisava se preocupar, eu pegaria depois.

Mas... acabei não pegando.

Os dias se passaram e, hoje, ela foi trabalhar.

Eu, depois do almoço, fui escovar os dentes

Ao chegar no banheiro, vi uma escova nova no lugar da antiga.

Olhei para o lixinho do banheiro e lá estava a mais velha. Ela tinha trocado a escova por mim antes de sair para o trabalho. Como falei, coisa muito pequena. Mas, na verdade, enorme em valor. Eu não poderia ter trocado? Claro que poderia. Mas me esqueci. Ela precisava ter trocado? Claro que não. Mas seu cuidado e gentileza falaram mais alto. Estamos casados há onze anos e isso já aconteceu outras vezes e de outras formas, partindo de ambos os lados. Isso vai fazer com que fiquemos casados mais onze anos? Claro que não. Mas fará com que eu queira chegar mais rápido em casa hoje – e amanhã também.

É... Temos aprendido que as pequenas coisas, na realidade, são grandes!

E isso dá um gosto tão gostoso pro viver!

Para você que leu até aqui, deixo uma pergunta: tem alguma "pequena coisa" que poderia fazer por alguém que convive contigo?"

As pequenas coisas são realmente grandes. O Junior poderia ter trocado a escova, como ele mesmo disse, mas pela correria não o fez. O fato de a Aline ter trocado mostra que seu olhar não é mais individual. Que mesmo no seu dia a dia atarefado ela continua notando as necessidades do Junior e procurando ser uma facilitadora da sua vida.

Você pode estar pensando "Nossa, Andréa, mas foi só uma troca de escovas!" Então, quero lembrar-lhe novamente que os detalhes fazem toda a diferença, sejam eles no dia do nosso casamento, ou em uma ocasião especial, mas especialmente no dia a dia do relacionamento.

Tem um pensamento oriental que diz "Uma montanha é composta de pequenos grãos de terra. O oceano é composto de pequenas gotas de água. Assim, a vida é apenas uma série interminável de pequenos detalhes, ações, discursos e pensamentos".

Cada pequeno ato tem consequência, cada mínimo investimento na qualidade do seu relacionamento de casal faz diferença. Cabe a você escolher quais as consequências que quer colher na sua relação.

Acima de tudo, é preciso não permitir que os afazeres diários impeçam você de se dedicar ao seu parceiro e se ocupar do bem-estar dele. Nunca negligencie os detalhes.

Você agora pode então estar se questionando: "Ah, Andréa, mas meu marido nunca faz essas pequenas coisas para mim. Por que eu devo fazer?"

Quero pedir para que você se lembre de que já falamos sobre isso. Não devemos lançar sobre ninguém a culpa ou uma cobrança dentro da relação. Vamos, ao contrário, assumir a responsabilidade do sucesso do nosso relacionamento e começar nós mesmas a fazer a diferença. Seja você a primeira a investir na melhora da sua vida de casal. E você vai se surpreender ao ver, com o tempo, como tudo irá melhorar.

Olhando por esse ângulo, fica mais claro perceber que a felicidade no relacionamento do casal é conquistada com pequenos hábitos no dia a dia. São os pequenos detalhes que são vitais para a relação. São as pequenas coisas do dia a dia que fazem com que as grandes coisas aconteçam na nossa vida.

Então, pense comigo: o que você pode fazer para que seu parceiro entenda que você se importa com ele, que você cuida dele, para que continue se sentindo o homem importante que ele se sentia durante o namoro?

Vamos criar uma linha de raciocínio que vai ajudá-la a se conduzir no seu dia. Assim, quem sabe, ficará mais fácil você identificar o que pode ser feito.

- Pela manhã, quem acorda primeiro? Se for você e ele tiver que levantar logo em seguida, nada a impede de acordá-lo com seu melhor sorriso e um carinhoso cheirinho no pescoço, não é mesmo?

- Como é o café da manhã de vocês? Se tem alguém para prepará-lo, ótimo! Ainda assim, uma forma de demonstrar cuidado com seu companheiro é garantindo que sempre tenha o que ele gosta de comer nessa refeição. Se não souber ao certo, procure perguntar a ele e garantir que irá comprar tudo o que for necessário na feira da semana.

- Garanta que as roupas que ele mais usa estejam limpas e passadas. Não significa que precisa ser você a fazer isso. Mas significa que, se não for, você encontrará alguém que faça e supervisionará para ter certeza de que tudo correrá bem.

- Ele almoça em casa? Tem que levar marmita? Ajude-o a se alimentar bem, com saúde. Com frequência, procure fazer a comida de que ele mais gosta.

- Durante o dia, quando ouvir alguma música ou ler alguma frase que te faça lembrar dele, mande para ele. É bom saber que alguém está pensando na gente.

- O retorno para casa depois do trabalho precisa ser um momento desejado. Crie um ambiente tranquilo, sem cobranças ou reclamações. Prepare ou peça a alguém para que deixe sempre pronta uma boa refeição. Vez ou outra, ofereça a ele uma massagem, para ajudá-lo a relaxar, mesmo que quem esteja precisando, de verdade, seja você – e quem sabe ele retribua, não é verdade?

Lembre-se de que estas são apenas sugestões. Você conhece seu marido melhor do que ninguém. Pensando com carinho, você vai poder lembrar do que o fará se sentir amado nas coisas mais básicas do dia a dia.

Estou muito segura de falar sobre esse assunto porque eu também já passei por essa experiência e, em alguns casos, foram os pontos que mais tive que trabalhar em mim. Felizmente, me recomendaram que lesse um livro que fez toda a diferença no meu modo de ver os detalhes na minha relação com o Fellipe. O livro se chama *As cinco linguagens do amor*, do Dr. Gary Chapman. Se você ainda não leu, recomendo fortemente que coloque na sua lista de leitura.

Antes de lê-lo, eu acreditava que a linguagem do amor de Fellipe eram as palavras de afirmação. Porém, depois de ler o livro e conversar com ele a esse respeito, chegamos à conclusão de que sua linguagem do amor essencial eram "atos e serviços". Fellipe se sente amado quando se sente cuidado. Por exemplo, quando preparo seu café da manhã, quando percebo que sua garrafinha de água está vazia e a encho, quando arrumo sua mala, quando já penso e separo suas roupas dos eventos, quando deixo as coisas em ordem em casa. Em sua maioria, são pequenos detalhes. E ele, várias vezes, já me disse: "Eu amo quando você faz isso por mim!"

Como eu disse ainda há pouco, você, mais do que ninguém, vai saber o que faz seu marido feliz no dia a dia. Então, preste atenção nas dicas que ele lhe dá e faça o que você sabe que é importante. Um homem feliz, satisfeito, realizado, que se sente amado, vai fazer o mesmo em troca e o relacionamento de vocês só irá crescer, melhorar e se consolidar.

Agora chegou a hora de você pensar em como poderá fazer isso na sua casa, com o seu relacionamento. Mais do que pensar, chegou a hora de você agir. Então, o primeiro passo é você assumir que está fazendo isso porque vai melhorar seu relacionamento.

Lembre-se de todas as vezes que você pensou em ter alguém de quem pudesse cuidar, porque um bom relacionamento não é egoísta, não pensa só em ser cuidado. Por isso mesmo, entenda que pode levar um tempo para que seu marido comece a fazer o mesmo em troca. Então, não pense em fazer algo hoje para ter uma retribuição imediata. Comece a agir da maneira certa e dê tempo para que as coisas aconteçam.

Minha sugestão é para que você imagine que seu marido tem em sua mente uma espécie de "caixa de amor". Só que faz tempo que nessa caixa não entra quase nada e ela está um tanto vazia. Mas agora você vai começar a enchê-la aos pouquinhos. Você não vai saber de imediato quanto de amor já tem dentro, mas conseguirá ver o momento em que a caixa de amor de seu marido transbordar. Porém, durante todo o processo de enchimento da caixa, sutilmente você poderá perceber alguns sinais do resultado do bom trabalho que tem feito. Mas, quando ela transbordar, aí sim será a glória. Então, continue enchendo a caixa. O momento da retribuição vai chegar e vai mudar tudo na vida de vocês.

Pensando nisso, escreva um plano de ação para executar nos próximos 21 dias, listando tudo o que você vai fazer, dia a dia, para demonstrar amor pelo seu marido nas pequenas atitudes do cotidiano. Os 21 dias não significam que é tempo suficiente para a caixa de amor do seu marido já estar transbordando, mas isso a ajudará a transformar essa atitude em um hábito saudável. E, a partir daí, tudo será apenas uma questão de tempo para que vocês tenham um relacionamento extraordinário.

O QUE DIZ O FELLIPE

Eu não sei quanto a você, mas eu acredito que a maioria dos homens são mais desligados no dia a dia. Na maioria das vezes que eu me lembro do cuidado que devo ter com a relação é porque percebo sempre o cuidado da Andréa. Isso para mim funciona como um lembrete de que devo fazer o mesmo.

Então vou dar uma motivação a mais para você ser mais atento. Eu não sei como anda o seu relacionamento sexual, mas uma coisa eu garanto, se você investir nos detalhes durante o dia, ele pode melhorar muito.

É claro que você pode estar falando "Por favor, Fellipe, seja mais claro. Eu sou homem!" E eu serei mais claro: os homens não precisam de tantos estímulos para ao final do dia terem uma noite de amor. Já as mulheres, em contrapartida, precisam de todos os estímulos possíveis, imagináveis e desejáveis para que isso aconteça. Então você precisa ficar atento.

Aqui em casa, brincamos que é preciso "depositar durante o dia se você quiser sacar à noite". Quando eu só me lembro disso no final da tarde, Andréa brinca comigo dizendo que depositei depois do horário e que só irá compensar no dia seguinte. E mesmo que eu insista em falar que fiz transferência eletrônica, ela vai me dizer que temos bancos diferentes. Ou seja, não adianta, meu amigo. É melhor começar a depositar desde a hora em que você acordar.

Brincadeiras à parte, não quero dizer com isso que você só deve se preocupar com os detalhes da sua relação no dia a dia pensando na recompensa sexual. Porque, na verdade, essa é apenas uma delas. Existem muitas outras maravilhosas que vocês vão colher no seu relacionamento a dois. Apenas falei sobre esse assunto porque, como homem, sei que iria chamar mais sua atenção.

William Morris, o famoso poeta e romancista inglês, disse que "O verdadeiro segredo da felicidade reside em se ter um interesse genuíno em todos os detalhes da vida cotidiana". E isso se multiplica quando estamos falando de um relacionamento a dois.

Enfim, independente de qual seja a sua motivação, apenas viva de tal forma que mostre que você ainda se importa com sua parceira, lembra dela e a ama, todos os dias. Fique atento aos detalhes e não meça esforços para fazer sua companheira feliz. A felicidade dela vai contagiar você.

6 aprenda a trabalhar bem com questões de dinheiro no seu relacionamento

Chegou a hora de falarmos sobre dinheiro.

"Nossa! Agora o papo vai ficar sério e chato demais, Andréa!"

Sério vai ficar mesmo e precisamos realmente falar sobre isso, se o seu desejo é ter um relacionamento de propósito, feliz, completo. Mas não precisa ser chato, de forma alguma.

Falar sobre dinheiro não é algo fora da normalidade, não é proibido, nem é uma tortura que nós simplesmente temos de suportar. Lidar com dinheiro é parte importante da vida, porque, ao contrário do que muita gente pensa, ele é um facilitador de realizações. É o dinheiro que viabiliza as transações necessárias para a realização dos seus sonhos. Você já pensou dessa maneira?

Tem gente que considera o dinheiro como fonte de pecado, de desentendimentos, de materialismo. Mas, pelo contrário, o dinheiro bem usado pode nos aproximar de tudo o que há de bom na vida e nos proporcionar a chance de fazer uma imensidão de coisas boas no mundo.

Sabe, é muito comum as pessoas pensarem, inclusive, que o dinheiro nos afasta de Deus. Então, para afastar de você essa impressão, escolhi usar alguns ensinamentos da Bíblia para me ajudar a falar sobre dinheiro. Assim você vai perceber que o dinheiro pode ser uma força muito positiva para as suas boas realizações.

Você sabia que, de acordo com Howard Dayton, em seu livro *O seu dinheiro*, na Bíblia há mais de dois mil e trezentos versículos sobre dinheiro, bens e posses? E não para por aí. As questões financeiras, na Bíblia, são mais mencionadas do que a oração, a cura e a misericórdia.

Tudo isso só pode significar uma coisa: que falar sobre dinheiro é realmente importante e aprender a lidar com ele é uma bênção.

Sabe por que eu lhe digo isso, em um livro que estamos falando de relacionamento a dois? Porque é vital saber falar sobre dinheiro e lidar com ele no casamento. Afinal, não é novidade para ninguém que problemas financeiros estão no topo da lista dos motivos de divórcio, não é verdade?

Um estudo realizado pela Universidade de Michigan (EUA) acompanhou 373 casais que estavam no primeiro ano de casamento e tinham entre 25 e 37 anos. A pesquisa coletou, periodicamente, informações sobre suas crises conjugais ao longo de 25 anos. A conclusão foi que quarenta e nove por cento das pessoas que se divorciaram afirmaram ter muitas brigas por causa de perfis econômicos diferentes e mentiras sobre gastos. Além disso, o comportamento controlador exercido por aquele com a maior renda também foi apontado como determinante para o fim do "felizes para sempre".

Então, já que sabemos que problemas nessa área são frequentes e, muitas vezes, têm consequências graves, é melhor que falemos logo sobre o assunto e nos alinhemos em relação a ele, em vez de fingir que esse tipo de problema não vai acontecer no nosso relacionamento, até que a situação se agrave a ponto de não ter mais solução.

A primeira coisa que devemos fazer é perder o medo de falar sobre dinheiro no relacionamento. Aliás, a verdade é que precisamos perder o medo de falar abertamente sobre qualquer coisa na relação. Mas, em especial, precisamos ter as conversas sobre dinheiro como algo normal, necessário, útil e usual no nosso dia a dia de casal.

Vamos, então, pensar naquela situação em que você ainda não se casou e precisa pensar sobre algumas características desejáveis no seu futuro esposo. Pessoalmente, sempre valorizei muito algo que quero compartilhar com você: procure para casar alguém que seja realmente trabalhador, que tenha a intenção clara de ser mantenedor do seu lar. Tudo bem se você pode trabalhar e colaborar no sustento da casa, mas é importante que o seu companheiro tenha a intenção legítima de ser ele o responsável por fazer isso. Deixe-me explicar-lhe isso com base no que diz a Bíblia.

Um dos deveres dos maridos, segundo a Bíblia, está relacionado à provisão do lar. No Livro de Efésios 5:28-30, diz: "Assim também os maridos devem amar a sua mulher como ao próprio corpo. Quem ama a esposa a si mesmo se ama. Porque ninguém jamais odiou a própria carne; antes, a alimenta e dela cuida, como também Cristo o faz com a igreja; porque somos membros do seu corpo".

Quando nesse versículo é usado o verbo alimentar, o apóstolo Paulo está se referindo ao papel do homem de trazer provisão para sua casa, como demonstração de cuidado para com sua família.

Paulo está falando exatamente de cuidado material. O homem, como provedor, está em uma posição de responsabilidade para com o lar e deve agir como tal. Entenda que não estamos falando que o homem precisar dar tudo que a mulher e os filhos querem, mas sim o que é necessário.

Outro ponto que considero muito importante você levar em conta, caso ainda seja solteira: não se case se precisar continuar tendo ajuda financeira dos seus pais. Somente se case se você e seu companheiro puderem ter autonomia financeira.

Novamente buscando orientação na Bíblia, temos, no Livro de Provérbios 24:27, o livro que é cheio de conselhos de sabedoria: "Não construa a sua casa, nem forme o seu lar até que as suas plantações estejam prontas e você esteja certo de que pode ganhar a vida". Parece óbvio dizer isso, mas só para reforçar a ideia: trabalhe primeiro, case depois.

Se você já está casada, lembre-se de que não há problemas em os dois parceiros trabalharem, nem em os dois manterem o lar. Só fique atenta para não aceitar a omissão do seu marido nessa área. De acordo com o Livro Bíblico 1, Timóteo 5:8: "Se alguém não tem cuidado dos seus e especialmente dos da própria casa, tem negado a fé e é pior do que o descrente".

Outro caso em que talvez você possa estar pensando é se durante o casamento seu marido ficar desempregado. O que estamos falando não é sobre ele ter um emprego ou deixar de ter um, mas sim sobre estar procurando cumprir com esse seu papel de provedor, buscando trabalho, empenhado em fazer sua parte, é sobre ele não ficar parado e acomodado com a situação de não trabalhar e ter uma mulher sustentando a casa.

Outro ponto importante quando falamos de dinheiro é sua administração. Quem deve administrar o dinheiro da casa? Quem for melhor nisso. Caso nenhum dos dois seja bom em administrar as finanças, convém que pelo menos um dos parceiros procure estudar o assunto e aprender pelo menos o básico para fazê-lo. É importante que alguém, ou mesmo os dois parceiros, se preparem para essa parte vital no casamento. É necessário entender quanto ganham, quanto gastam, com o que gastam e quanto sobra. Isso é essencial para que possam construir uma vida juntos.

Nesse sentido, sugiro a você a leitura do livro *Casais inteligentes enriquecem juntos*, do Autor Gustavo Cerbasi e assistir aos vídeos do canal de YouTube *Me Poupe*, da Nathalia Arcuri. Para mim, esses são recursos essenciais para descomplicar muito os vários assuntos relacionados a finanças e investimentos.

Agora, deixe-me falar para você sobre outro ponto muito importante no casamento: não menosprezem os sonhos um do outro por questões de dinheiro. Eu e o Fellipe sempre compartilhamos nossos sonhos um com o outro e nunca nenhum de nós, ao ouvir o sonho do outro, disse "Isso é caro demais", ou "Você não precisa disso", ou ainda "Nunca teremos isso" e muito menos "Nem se tivéssemos dinheiro iríamos comprar algo nesse valor". Temos combinado entre nós de não colocar preço no sonho do outro, nem questionar seu valor. Compartilhar nossos sonhos não significava que iremos realizar aquilo naquele momento, mas nos deixa com uma consciência clara sobre as razões pelas quais estamos trabalhando. E a sensação de estarmos batalhando juntos por aquilo nos une ainda mais como casal.

É muito importante que você e seu marido possam conversar sobre as conquistas financeiras que querem fazer e sobre terem uma meta clara de quanto querem ganhar, para quando, o que pretendem conquistar tendo esse dinheiro em mãos, como isso os deixará felizes e o que precisam fazer para chegar até lá.

Por exemplo, eu e Fellipe temos uma "meta de liberdade", que é um plano de viver uma vida de qualidade somente com o rendimento dos nossos investimentos. Pode parecer algo difícil de conseguir, mas quando o casal se une em torno desse objetivo tudo fica muito mais simples e prazeroso.

Independente de quais sejam as suas metas envolvendo dinheiro, quando você as tem claras, juntamente com seu marido, isso os torna mais predispostos a fazer sacrifícios para alcançá-las. Alguns casais brigam por justamente não entender por qual motivo é preciso fazer alguns cortes de gastos em determinados momentos. Tendo metas claras e os dois estando envolvidos nesse planejamento financeiro, tudo vai fluir de maneira muito mais tranquila e vocês vão somar esforços na direção correta.

Você deve estar se perguntando se tudo é assim tão simples de fazer, como eu estou falando. É lógico que não! Porque um dos principais vilões nessa área é exatamente o nosso ego. Ele é o que mais nos dá trabalho para administrar quando falamos em dinheiro. A disputa de egos no casal pode dificultar muito atingir as metas que vocês traçarem.

Normalmente, acontecem mais problemas com o ego nessa área quando uma das pessoas do casal ganha mais do que a outra. Os homens, geralmente, têm mais dificuldade para aceitar isso. Acredito que seja pela sua natureza de querer ser o mantenedor da casa, ou até mesmo porque quem ganha mais se considera no direito de assumir um papel controlador sobre o outro. Em muitos casos, isso pode acabar invertendo os papéis dentro do casamento, o que fica mais difícil de se aceitar. Situações delicadas surgem e, se o casal não souber lidar com isso, a relação acaba sendo prejudicada.

Digo isso porque eu e Fellipe também já passamos por algumas dificuldades nesse sentido. Começamos a namorar com dezessete anos e eu comecei a trabalhar antes dele. Fellipe ainda estava concentrado em passar no vestibular e como eu já estava na universidade, acabei logo arrumando um emprego. Por isso, não me importava em abastecer o carro ou dar a ele algumas coisas de que estivesse precisando na época. Há pouco tempo, reli algumas cartas que ele me mandou nesse período, em que me pedia para não gastar dinheiro com ele, já que não poderia retribuir. Na época, isso não me parecia nada de errado. Mas hoje, enquanto escrevia este livro, perguntei a ele novamente sobre essa época. Para minha surpresa, ele me disse que se sentia bem cuidado por mim, mas que aquilo, por mais que em nenhum momento eu tivesse essa intenção, o fez se sentir diminuído. Provavelmente, se eu tivesse mais maturidade para tê-lo ouvido e entendido seus motivos naquela época, teria agido diferente. Por aí você vê como essa questão de dinheiro é bastante delicada na vida do casal e merece ser muito bem cuidada.

Por isso é que eu digo para que conversem bastante e busquem entender que independente de quanto cada um traz de dinheiro para casa, esse é um lar dos dois. Não tem percentuais de quem é mais dono do lar.

E quanto a considerar o dinheiro como pecado, lembrem-se apenas de cuidar para que o amor ao dinheiro não seja maior do que o amor que há entre vocês. No Livro Bíblico 1, Timóteo 6:10 diz que "O amor ao dinheiro é raiz de todos os males; e nessa cobiça alguns se desviaram da fé, e se traspassaram a si mesmos com muitas dores". Entenda que não é o dinheiro que é o problema, o dinheiro é neutro, é apenas um instrumento para lhe dar a vida que quer ter. É o amor ao dinheiro que é a raiz do mal.

Lembre-se sempre de que o dinheiro é ferramenta para vocês construírem a sua felicidade e contribuírem para o mundo. O dinheiro é um facilitador de nossas ações na vida. Então, quanto mais você se desenvolve como pessoa feliz, e como casal feliz, mais o seu dinheiro vai gerar felicidade. No final das contas, não é o dinheiro que vai fazer uma diferença positiva no mundo. É a positividade e a felicidade no seu relacionamento que vão fazer isso. Mas o dinheiro vai ajudar você e seu companheiro a levarem essas bênçãos muito mais longe.

Acredito que lhe dei algumas coisas para pensar, não é verdade? Mas nem de longe esse assunto se encerra por aqui. Isso é algo que você e seu companheiro precisam estudar e se aprofundar juntos.

Agora, quero fazer um convite para que você ouça com o coração aberto os sonhos, inclusive os mais ousados, do seu parceiro, e compartilhe com ele os seus. Façam um combinado antes de ouvirem um ao outro, deixando claro que não podem julgar e que devem se esforçar para entender por que aquilo é importante para o outro. Tendo cada um compartilhado seus sonhos, coloque-os em ordem de prioridade e, a partir disso, tracem um plano de ação sobre o que precisa ser feito para que esses sonhos se realizem.

Sonhem juntos e usem o dinheiro como ferramenta para realizarem esses sonhos. Lembrem-se também de sonhar os sonhos um do outro e de lutar juntos por todos eles. Vocês têm uma vida como casal e toda realização será igualmente prazerosa para vocês dois.

O QUE DIZ O FELLIPE

Até minha adolescência, vivi com o sentimento de que o principal motivo pelo qual o casamento dos meus pais deu errado foi por brigas relacionadas ao dinheiro. Ouvi inúmeras discussões deles sobre esse assunto, mesmo depois de separados.

Essa experiência me fez tomar uma decisão muito séria desde cedo: a decisão de que só me casaria com alguém após atingir um certo sucesso profissional e financeiro. Na verdade, eu queria diminuir a margem de erro no casamento o máximo possível– isto é, não queria dar chances para que acontecesse com o meu casamento o mesmo que aconteceu com o dos meus pais.

Portanto, quando eu e Andrea começamos a namorar, conversamos muito sobre isso e deixei muito claro desde o início quais eram meus desejos e a minha preocupação com os assuntos financeiros do casamento. E só nos casamos depois que me senti seguro profissional e financeiramente, depois que comecei a aprender como fazer dinheiro. Após alguns anos de casado, percebo que fui feliz ao tomar essa decisão, pois nunca tivemos nenhuma discussão sobre este tema.

Outro ponto importante que acredito ser válido compartilhar é que para mim era uma prioridade casar com uma mulher independente. Sempre admirei mulheres que tinham uma carreira e fossem atuantes profissionalmente. Eu procurava por alguém que não depositasse em mim a responsabilidade de realizar todos os seus sonhos. Queria alguém que pudesse construir tudo comigo, nós dois juntos, trabalhando pelos nossos objetivos.

Entenda, por favor, que não quero dizer com isso que é esse perfil de mulher que você deve buscar. Quero dizer que é muito importante você saber o que espera da sua parceira também nessa área, para que possam se entender melhor desde o começo. E precisa deixar isso claro para ela e também saber quais são suas expectativas. Lembre-se: nessa parte financeira é fundamental alinhar as expectativas do casal.

Imagine se acontecer de você querer uma esposa que cuide da casa e dos filhos e que não trabalhe fora, mas acabe se casando com uma mulher que tem o sonho de ter uma vida profissional mais ativa. Nenhum dos dois está errado no que quer, mas vocês vão precisar conversar muito sobre isso antes de se casarem. Porque, se para os dois for impossível abrir mão, pelo menos em parte, do que esperam de um casamento, quais as chances dessa união dar certo? Caso vocês se amem de verdade, vão precisar se entender e traçar um plano para lidar com desejos tão incompatíveis. Ou então o casamento pode ficar comprometido.

Minha sugestão é: não adiem mais essa conversa sobre como vocês imaginam e desejam que vão funcionar as partes financeira e profissional no casamento de vocês. E entendam que a maior riqueza é ter sucesso no relacionamento e que isso só pode ser obtido se deixarem claro um para o outro quais são suas expectativas.

7 aprenda a fazer o uso coerente e positivo da internet, celular e redes sociais

Vamos lá, me responda com sinceridade: quantas vezes, enquanto lia este livro, você parou para dar uma espiadinha no seu celular? Já tentou medir quanto tempo do seu dia você gasta rolando o feed de notícias, em grupos do WhatsApp ou assistindo a vídeos engraçadinhos no YouTube?

Não quero dizer que tem problema fazer isso. Só quero que você pense se o tempo que diz que falta para dedicar ao seu relacionamento não está sendo gasto exatamente nisso.

O Brasil já é um dos países em que se passa mais tempo on-line e, por aqui, quem mais tem usado as redes sociais são as mulheres. Isso é muito preocupante e precisamos parar para pensar qual é o efeito que isso tem nos nossos relacionamentos.

Você já notou como seu celular anda com você por todos os cômodos da casa, como se já fosse parte integrante do seu corpo? Está com dificuldade de admitir isso? Então responda para si mesma algumas perguntas (não tente justificar suas respostas. Apenas continue respondendo sinceramente):

- Quando você acorda, seu celular está ao lado da sua cama e a primeira coisa que faz é pegá-lo?

- Você, com frequência, leva o celular para o banheiro?

- Enquanto você faz suas refeições, normalmente está com seu celular à mão, olhando as redes sociais, e-mails, vendo vídeos, respondendo mensagens?

- Mesmo estando atrasada para o trabalho, alguma vez já voltou para casa só porque tinha esquecido o celular?

- Você já deixou de ir a algum lugar ou pensou em deixar de ir só porque não pegava internet no local?

Parecem bobas essas perguntas, mas todas servem para você medir se já é dependente da internet, ou não, e se ela passou a ser uma das suas prioridades no seu dia a dia.

Quantas vezes você já se viu em uma situação em que tentava conversar com alguém e a pessoa não largava o celular – e logo depois pedia para você repetir tudo que estava falando porque não tinha prestado atenção? Comigo isso tem sido cada vez mais comum. Será que é só comigo? Ou você também tem passado por isso?

Não estou aqui para julgar como você usa ou não seu celular, as redes sociais, ou a internet de maneira geral. Pelo contrário, deixe-me fazer uma confissão: eu já avisei por mensagem para o Fellipe que o almoço estava pronto, por exemplo, mesmo estando a um cômodo de distância um do outro. E também já tentei ter discussões sobre o nosso relacionamento por mensagem.

Muitas vezes, eu esperava o Fellipe sair para logo em seguida mandar aquele textão de desabafo sobre algo em que a gente havia se desentendido. E não foi só uma vez. E, claro, ele ficava irritadíssimo – com toda a razão. Imagine! Que relação sobrevive a isso? Precisamos parar um dia e conversar seriamente sobre isso para, finalmente, chegarmos a um acordo sobre esse tipo de comportamento.

Sinceramente, havia ficado tão comum e viciante o uso das redes sociais e da internet na minha vida que eu também tive que me acostumar a voltar a falar olho no olho com o meu marido e a me manter conectada com ele pessoalmente.

Também não quero que você ache que estou falando que a internet é uma vilã ou que as redes sociais são ruins e que devemos evitar tudo isso. De maneira nenhuma. Elas também me ajudam muito no dia a dia com o Fellipe, ainda mais porque trabalhamos viajando e elas facilitam nossa comunicação e nos possibilitam demonstrar nosso amor e matar a saudade de várias formas, como por exemplo enviando mensagens, áudios, ligações, vídeos carinhosos. Nos ajudam a dizer para o outro que ele está sempre em nosso pensamento e em nosso coração.

O que estou querendo dizer é que é preciso haver um equilíbrio, um bom senso no uso desses recursos. Essas tecnologias não devem substituir a conversa, o contato pessoal e a atenção que os parceiros precisam dedicar um ao outro.

Sabe por que eu digo isso? Porque o descuido provocado pelo uso desregrado desses recursos pode gerar situações extremas de tensão entre os parceiros. Imagine que um casal de amigos meus compartilhou comigo que os dois estavam tão acostumados a andar na casa segurando cada um seu celular, e não prestando atenção no que o outro dizia, que isso começou a deixá-los muito irritados. A tal ponto que tomaram a decisão de delimitar em quais cômodos da casa poderiam usar o aparelho.

Achei até mesmo que foi uma boa ideia. É uma forma criativa de limitar o uso do celular dentro de casa. Não estou dizendo que você deva fazer isso. Porém, caso você e seu companheiro estejam em uma situação extrema, essa pode ser uma sugestão que vale a pena tentar seguir.

Outra possibilidade, caso você esteja se percebendo como uma escrava das redes sociais, ou de jogos on-line ou coisas semelhantes, experimente desconectar esses recursos do seu celular durante algum tempo. Deixe-os apenas no seu computador. Assim você poderá diminuir o tempo que passa com esses aplicativos, até voltar a ter controle sobre isso.

Ainda pensando um pouco mais sobre a internet, é importante avaliar com o que você está gastando tempo nessa rede. Já parou para pensar se o que você está vendo acrescenta algo positivo ao seu relacionamento, trabalho, ou alguma área da sua vida? Se não acrescenta, por que continua gastando seu tempo com isso?

Mais crítico ainda: você já parou para pensar que o que você está vendo ou fazendo na internet pode estar prejudicando a sua energia, o seu trabalho, a sua vida em geral e, em especial, minando as bases do seu relacionamento a dois? Lembre-se sempre: há muito perigo escondido nos "becos escuros" da internet.

Deixe-me falar para você mais uma coisinha que costuma detonar com muitos relacionamentos: é muito comum entre as mulheres pensar de maneira fantasiosa sobre o que os homens estão olhando nas redes sociais, nos vídeos, na internet de forma geral. E ficarem sofrendo imaginando que eles as estão traindo, que estão paquerando, que estão sendo malandros e fazendo o que não deviam.

Pior ainda, algumas mulheres, pensando dessa maneira, se acham no direito de fazer igual, tentando pagar na mesma moeda, dar o troco, como elas mesmas dizem. E aí a confusão se completa.

Em primeiro lugar, você não tem certeza de que seu companheiro esteja agindo assim. E, em segundo lugar, mesmo que ele estivesse, você acredita que fazendo igual a ele faria vocês alcançarem o tipo de relacionamento que desejam?

É preciso entender que o errado é errado mesmo que todo mundo esteja fazendo. Mas é preciso levar em conta que nem todo mundo faz o errado – e talvez o seu companheiro seja um que não esteja fazendo, mas você está apenas usando essa desconfiança como uma desculpa para sabotar o seu relacionamento.

Não tem como você querer ter um relacionamento abençoado sem ter atitudes que condizem com ele. Não se engane, Jesus disse no Livro de Mateus 7:17 que "Toda árvore boa produz fruto excelente, mas toda árvore podre produz fruto imprestável". Sendo assim, que tipo de fruto as atitudes de pagar com a mesma moeda produzem?

Você não tem controle sobre o que o outro faz, mas você tem decisão sobre o que você pode ou não fazer. E, acredite, não tem melhor forma de influenciar, ou ensinar, do que pelo exemplo.

Por fim, mas não menos importante, se você é casada ou está em um relacionamento sério e é usuária das redes sociais, ou de outros aplicativos da internet, crie um posicionamento sério e responsável a esse respeito. Pense em como você gostaria que seu cônjuge agisse nesses mesmos canais e faça você também o mesmo.

Procure sentar-se com seu companheiro e conversar sobre o que os agrada ou não em fotos, mensagens, exposição nas redes sociais, sobre como isso afeta sua imagem pessoal, profissional e do casal. E entrem em um acordo sobre isso.

Procure ouvir os motivos do outro e procure olhar com os olhos dele tudo o que ele estiver falando. Exponha também seus argumentos, sempre com amor e sem cobranças. Às vezes, no relacionamento, precisamos abrir mão de algumas coisas para termos um ganho muito maior.

Agora, vamos para a ação de verdade:

- Dê uma olhada nas suas redes sociais. O que você não gostaria que seu cônjuge fizesse, mas que você tem feito? Existe alguém que você precisa parar de seguir? Existe algum tipo de postagem que você precisa excluir?

- Quando alguém olha suas redes sociais, você mais parece alguém solteira, livre e à procura de um companheiro, ou parece alguém que está em um relacionamento sério? O que você pode fazer para se posicionar melhor nas redes sociais?

- Caso seja solteira, você acredita que o tipo de postagem que tem feito realmente irá atrair aquele parceiro ideal que você colocou na sua lista? O que você pode fazer para melhorar isso?

- Por fim, organize sua agenda com tudo o que é prioridade para você. Não se esqueça de colocar seu relacionamento em um lugar de destaque. Agora, veja quanto tempo sobrou. Quanto desse tempo você acredita que seja importante você gastar na internet?

Com essa organização e sabendo exatamente como você quer se posicionar nas redes sociais e o que quer em relação à internet, você acaba de dar mais um grande passo em direção ao tipo de relacionamento extraordinário que deseja e com que sonha.

O QUE DIZ O FELLIPE

Vamos lá, primeiro precisa ficar claro que, se você quer uma vida de segredos, precisa ser solteiro. Caso decida se casar ou já for casado, você decidiu compartilhar não só uma casa, não só uma cama, mas uma vida a dois, e isso inclui, com certeza, acesso ao seu telefone e mídias sociais.

Não tem problema ter senha, pode ser uma segurança sua para que só tenha acesso a determinadas coisas quem você autoriza. O problema está em a pessoa que você mais diz amar e confiar não poder ter acesso a ela.

Nesses casos, fica a pergunta: o que você está escondendo? Não adianta falar que sua esposa é paranoica, ou louca, se quem faz de tudo para gerar desconfiança é você.

Entenda, ninguém vai ficar procurando algo onde não tem motivo, onde não há o que achar. Ter as suas senhas não quer dizer que sua esposa vai ficar o todo tempo olhando tudo o que você faz na internet. Pode ser que, no início, ela até tenha essa curiosidade, depois de você ter revelado aquela senha que guardava a sete chaves. Ela vai querer conferir se, de fato, você não estava escondendo nada. Mas, depois disso, ela não terá mais motivo para ficar conferindo tudo que você faz ou deixa de fazer na internet.

O Livro de Lucas 12:2 diz: "Pois não existe nada escondido que não venha a ser revelado, ou oculto que não venha a ser conhecido". Não é de falar qual é sua senha para sua esposa que você deve fugir. É de ter uma vida com práticas que você tenha medo ou vergonha de confessar.

8 seja parceiro do seu companheiro também na vida profissional

Quero começar este capítulo contando uma história. Quando fizemos o esboço deste livro, eu já imaginava que aqui eu contaria para você como, ainda criança, decidi que teria uma profissão, que seria uma mulher independente.

Você já pensou sobre isso? Sobre o que a levou a fazer ou deixar de fazer as coisas que você sempre quis no âmbito profissional?

Quando eu tinha dez anos, lembro-me de entrar na sala certa tarde e encontrar meu pai lá, sentado, com a televisão desligada. Enquanto eu pensava se saía de fininho, ele me viu e me chamou. Fui até ele, um pouco temerosa. Meus pais tinham brigado na noite anterior, mais uma vez meu pai tinha traído minha mãe e daquela vez parecia que as consequências seriam mais sérias do que das outras.

Ele me colocou na sua frente, ainda sentado, de forma que conseguia olhar nos meus olhos. Pegou minhas mãos e segurando-as me disse: "Preciso que preste muita atenção no que vou te falar e que se lembre disso para o resto da vida".

Meu pai deu um tempo para ter certeza de que eu estava realmente ouvindo e prestando atenção, e quando fiz um gesto afirmativo com a cabeça, ele continuou: "Você sabe por que sua mãe está no quarto, decidindo se deve ou não se separar de mim?"

Com a cabeça, sinalizei que não sabia. E então ele continuou: "Porque ela sabe que se nos separarmos, a renda familiar vai diminuir. Além disso, manter duas casas é mais difícil, tem mais gastos. E ela tem medo de que essa decisão diminua o padrão de vida de vocês".

Então, ele respirou fundo e completou: "Preste muita atenção no que vou te dizer: eu quero que você estude muito, seja uma ótima aluna, para que passe em uma ótima faculdade e consiga um ótimo emprego. Para que, se um dia, um homem fizer com você o que eu fiz com a sua mãe, você não tenha que ficar pensando".

Muitos anos se passaram desde aquele dia, mas eu me lembro dele como se fosse ontem. Minha mãe trabalhava, sempre trabalhou, mas a renda dela não era muito alta e ela sabia que aquela decisão realmente poderia mudar bastante a nossa vida. Ela sempre pensou mais em nós do que nela mesma. Sempre fez o seu melhor pela família.

Também não julgo meu pai por nenhum dos seus erros. Eu vou sempre me lembrar dele como o homem que teve a coragem de me dar esse conselho. Aquela foi a forma de ele me dizer que queria o melhor para mim. Gostaria muito que ele tivesse vivido o bastante para se alegrar com as escolhas que fiz, sendo que a melhor delas, sem dúvida, foi o homem com quem me casei.

Sim, eu segui o conselho dele: estudei muito, passei nas duas vezes que prestei vestibular e não só arrumei um ótimo emprego, como hoje sou dona do meu próprio negócio.

Porém, durante muito tempo, eu quis ser independente para ter o direito de escolha. E isso me fez viver sabendo que, se meu relacionamento acabasse a qualquer momento, mesmo assim eu seguiria em frente. Não foi algo muito positivo, viver com essa expectativa de separação. Mas eu dei um novo significado a essa parte do conselho de meu pai. Passei a viver não como se estivesse pronta para a possibilidade do meu casamento acabar, mas construindo minha relação de casal de tal forma que não tivesse motivos para ter um fim.

Fellipe já falou um pouco aqui no livro sobre como tinha vontade de casar com alguém que fosse profissionalmente ativa. Comigo também não era diferente: uma das características que sempre me admiraram em um homem é ele ser trabalhador. Então, quando encontrei o Fellipe, que amava trabalhar, eu só pude mesmo agradecer.

Sabe, algumas vezes até pensei em "brigar" com ele porque estava trabalhando demais. Mas nessa hora eu imaginava que, por outro lado, a situação poderia ser muito ruim: ele poderia ser do tipo que não queria nada da vida e, aí sim, nós teríamos problemas de verdade. Então, eu esquecia minha vontade de reclamar e imediatamente meu coração se enchia de gratidão.

Sempre tivemos objetivos claros também na área profissional. Objetivos esses que sempre compartilhamos um com o outro. Lembra o que já falei, sobre seu parceiro não ter como adivinhar nada em relação a você? Por isso é que tudo deve ser esclarecido entre vocês. Não pode haver aquela história de fazer joguinhos de adivinhação, achando que suas indiretas vão dizer tudo o que você quer que seu companheiro saiba. Você precisa ser objetiva, gastar tempo conversando com ele, dizendo quais são os seus sonhos, os seus planos. E é assim também na vida profissional de ambos. Tudo precisa ser deixado claro, para que vocês possam somar esforços na direção de se realizarem profissionalmente.

Lembro-me de que o Fellipe tinha uma meta profissional alta, que considerava ser uma realização pessoal importante para ele, antes de casar. Lembro-me de muitas pessoas me perguntando: "Isso não é desculpa para ele não casar logo, não?" Mas eu sabia que não era, pelo simples fato de que, se fosse desculpa, ele enrolaria com sua meta, para adiá-la o tanto que pudesse. Mas aquilo era tão importante na vida dele que ele vivia em função de alcançá-la.

Hoje, trabalhamos juntos e posso afirmar que isso é uma das coisas que fazemos melhor. É maravilhoso e ao mesmo tempo desafiador trabalhar e ter sua independência financeira, principalmente quando o casal trabalha junto, buscando realizações profissionais que se completam.

Independente se você e seu parceiro trabalham juntos ou não, quero compartilhar com você algumas sugestões em relação à vida profissional e como lidar com isso no relacionamento:

- Acostume-se a promover o seu parceiro. Não deixe que o ego e a competição se coloque entre vocês.

Na Bíblia, o Livro 1 de Coríntios, 13:4 diz assim: "O amor é paciente, o amor é bondoso. Não inveja, não se vangloria, não é orgulhoso". O que é diferente disso, não é amor.

Sabe, já vi vários casos em que o marido ou a esposa falavam mal um do outro, só para que as pessoas os notassem, os admirassem mais, ou pelo menos que sentissem pena deles. Como se precisassem diminuir o parceiro para que eles próprios pudessem aparecer. Não há nada mais feio e triste do que ver um casal fazendo isso. Entenda que não há nada que lhe deixe menor do que tentar diminuir o outro para que você cresça.

O ato de reconhecer e promover o outro só é praticado por pessoas que têm certeza do seu valor. Só pessoas bem resolvidas consigo mesmas conseguem promover outras. Então, não tenha medo de elogiar, dividir honra, reconhecer seu parceiro pelo que ele faz, mesmo que ele ainda não faça o mesmo a seu respeito. Lembre-se, ele vai aprender com o seu exemplo. E não tenha medo de torná-lo convencido por conta disso, porque um homem que tem certeza do seu valor não cai no deslumbre por um elogio que ouvir.

- Deixem claro o que cada um ama fazer. Os dois podem ter gostos e habilidades diferentes e, por isso, trabalharem em áreas distintas. Lembre-se de que nenhuma profissão é melhor do que outra. E não há nada melhor do que você poder acordar todos os dias sabendo que vai trabalhar fazendo o que ama.

No caso do casal que trabalha junto, ainda assim, é possível dividir entre eles funções de acordo com o que mais gostam e mais levam jeito. Isso só irá potencializar o resultado final.

- Conversem e tenham claros assuntos relativos ao dinheiro. Já falamos bastante sobre isso, lembra? Mas não custa ressaltar que, quando se está em um relacionamento, o melhor é se entregar a ele sendo sinceros um com o outro em relação a tudo, inclusive na área financeira. Por exemplo, não há motivo para o casal esconder um do outro quais são os seus ganhos. Se querem construir uma vida juntos, como pretendem fazer isso se não podem falar, no mínimo, sobre esse assunto?

Não se intimidem com os valores. Aprendam a dividir o que acharem necessário e usar o dinheiro todo como forma de construírem algo bom para a família. Conversem de igual para igual, não façam do casamento uma empresa em que quem ganha mais é dono de maior percentual e pode tomar todas as decisões sozinho. O casamento é uma sociedade entre iguais, que se somam.

- Organizem e definam juntos e em parceria suas jornadas de trabalho. Também já falei um pouco sobre isso, sobre como mudei minha rotina de trabalho depois que casei. Essa é uma conversa que você e seu parceiro precisam ter o quanto antes, até mesmo para ajustarem suas agendas de modo a aproveitarem melhor suas folgas. Afinal, vocês precisam ter tempo para estarem juntos e tranquilos, para que se vejam, se relacionem. E, é claro, é muito importante conversar sobre o quanto suas jornadas de trabalho são saudáveis para o casamento e acharem um equilíbrio também nisso.

- Avaliem como o dia a dia de vocês vai mudar quando tiverem filhos e como vão se ajustar a isso. Já pensaram se querem ter filhos? E, quando os tiverem, já pensaram sobre como isso vai impactar o trabalho de vocês? Avaliaram as possibilidades de você trabalhar em meio período, ou mesmo largar o emprego, por exemplo?

Alguns casais não conversam sobre isso, acham que é óbvio para o outro que quando tiverem filhos um deles vai deixar de trabalhar. Mas, para muitos casais, isso não é nem um pouco claro. Afinal, justo quando os gastos aumentarem, a renda da família vai diminuir. Talvez a esposa não queira abrir mão de sua vida profissional depois que os filhos vierem.

Existem muitos dilemas, e dos grandes, que precisam ser colocados de maneira bem clara.

Conversem e se programem, antes que os filhos cheguem. Conversem também sobre o tempo que vão separar para se dedicarem a eles – sem dúvida alguma, eles vão exigir muita atenção dos pais.

Se você já tem filhos e só agora foi pensar nisso, o primeiro passo é não entrar em desespero. Se é importante (ou necessário) para você continuar trabalhando fora, hoje existem opções para que possa fazer isso: sejam creches, babás, alguém de confiança da família. Mas tudo tem que ser muito bem pensado, conversado e planejado pelo casal.

Da mesma forma, se o casal tem condições financeiras e entra em um acordo em relação a isso, você também pode ser mãe em tempo integral, com o privilégio de poder formar diretamente os seus filhos. Entenda: abrir mão de sua carreira para ser mãe em tempo integral não a diminui, se essa também for uma vocação sua. Por mais que muitas vezes não seja algo reconhecido, ser mãe é uma das "profissões" mais importantes da vida.

Equilibrar a energia feminina e masculina dentro de casa é um dos pontos mais importantes para a harmonia da relação. Você já conheceu algum casal em que, visivelmente, a mulher assume o papel de "homem" da relação? O que você achou disso? Normalmente não é algo muito bonito de se ver.

Isso acontece com certa frequência, quando a mulher tem uma posição de liderança no trabalho e a transfere também para casa. A princípio, o homem muitas vezes até gosta de ter alguém que resolva tudo, mas, aos poucos, ele vai sendo anulado.

Você já viu algum caso em que a esposa pergunta "Onde vamos hoje?" e o esposo sempre responde: "Não sei, amor, onde você quiser está bom para mim". Parece uma resposta sem nenhum tipo de problema, mas, ao longo do tempo, respostas como essa só mostram que o marido perdeu a opinião. E isso vai acabar cansando um dos dois, ou mesmo os dois parceiros.

Você pode até querer ser a pessoa dominante na relação em alguns pontos, mas eu garanto que você não vai querer ser assim em todas as situações da sua vida de casal. Toda mulher precisa de alguém ao seu lado que assuma o papel de homem, e todo homem deseja ao seu lado alguém que assuma o papel de mulher. E, quando isso não acontece, um dos grandes riscos que o casal corre é de cada um achar um novo relacionamento em que isso aconteça.

Então, vou dizer-lhe uma coisa que muita gente pode até achar exagero, mas que funciona muito em um relacionamento a dois: se você está carregada de energia masculina, porque o seu dia de trabalho exigiu isso de você, passe em uma academia, faça uma aula de boxe e descarregue tudo por lá. E volte "bem mocinha e feminina" para casa, onde poderá encontrar um homem de verdade à sua espera.

Este capítulo começou com a gente falando sobre parceria também na vida profissional, mas como você pôde ver, esse é apenas mais um aspecto da vida do casal, que se entrelaça entre tantos outros. Por isso é que acabamos passeando por vários outros temas nestes parágrafos.

O importante é ter sempre em mente que é preciso manifestar o reconhecimento pelo que o outro faz. Tenha interesse pelo que seu parceiro faz e o reconheça por isso. Uma das grandes motivações para a maioria das pessoas não vem do dinheiro, e sim do reconhecimento. E é gratificante quando ele vem, primeiramente, de casa e de quem mais amamos.

Seja a pessoa que vai ensinar seus filhos a admirarem o pai deles e a reconhecerem tudo que ele faz pela família. Através do seu exemplo, seu companheiro aprenderá a fazer o mesmo por você.

Bem, depois de dizer isso tudo, deixe-me colocar aqui alguns pontos para reforçar a importância de o casal estar junto na jornada profissional. Pense com carinho sobre isto:

- O crescimento da relação a dois nunca é um mero acaso. É o resultado de duas pessoas que se amam trabalhando juntas na mesma direção.

- O poder do casal trabalhando juntos vai além do que qualquer um dos dois poderia realizar sozinho. É algo formidável, que leva à mais plena realização.

- Casais jamais realizarão tudo o que precisam e o que poderiam, se não decidirem trabalhar juntos na construção da relação e dos sonhos de cada um. Dois parceiros no casamento trabalhando juntos são muito mais do que a simples soma dos esforços de cada um. É uma combinação maravilhosa e especial, que os torna mais fortes e permite que realizem objetivos que jamais realizariam separados.

- Quando o casal trabalha junto, isso permite que um entenda melhor o outro, que apreciem mais um ao outro, que possam se ajudar mutuamente, de maneira que ambos cresçam em todo seu potencial e na completude da relação.

Enfim, vamos agora ser bem práticos e organizar uma lista resumida das coisas que você pode começar a fazer já, para melhorar a parceria com o seu marido na área profissional. E com isso contribuir para melhorar sua relação em todos os aspectos.

Preste atenção na lista a seguir, mantenha-a sempre à mão e a leia diariamente. E, o mais importante, faça questão de aplicar na sua vida pelo menos três desses itens, todos os dias.

- Converse com seu marido, dizendo quais são os seus sonhos e os seus planos profissionais. Seja objetiva. Não espere que ele adivinhe o que você quer. Deixe claro para ele o que você ama fazer profissionalmente.

- Tire um tempo para ouvir os sonhos e planos profissionais do seu companheiro. Ouça-o com interesse legítimo.

- Converse com o seu marido sobre como vocês podem viabilizar os sonhos profissionais de vocês. Pensem juntos em quais atitudes práticas vocês podem tomar.

- Converse com seu parceiro sobre quais são os pontos em que vocês podem trabalhar juntos, somando esforços, buscando a realização profissional de ambos.

- Valorize o seu parceiro e se acostume a promover diariamente o que ele faz de melhor.

- Converse com seu marido, se perceber que a competição entre vocês está afetando negativamente o relacionamento.

- Pergunte ao seu parceiro, direta e objetivamente, o que ele pensa que você pode fazer para ajudá-lo profissionalmente.

- Converse com seu marido e definam juntos e em parceria os detalhes de suas jornadas de trabalho.

- Converse com seu parceiro e definam juntos os detalhes sobre seus ganhos e gastos e todos os demais aspectos financeiros da relação – sem se melindrarem com questões como quem ganha ou gasta mais no casal.

Lembre-se sempre de que tudo precisa ser combinado, para que vocês possam somar esforços na direção de se realizarem profissionalmente e terem isso como mais um pilar de sustentação de uma relação a dois extraordinária.

Independente da carreira que construírem, tenham sempre em mente que o maior título que podem ter conquistado é a honra de serem casados um com o outro. Façam valer isso na vida de vocês, inclusive no aspecto profissional.

O QUE DIZ O FELLIPE

Andréa me lembrou de um episódio interessante, de quando ainda estávamos namorando. Ela amava cantar, mas tinha medo de fazer o teste para canto no conservatório. Um dia, sem que ela soubesse, peguei sua identidade na bolsa e fui fazer sua inscrição.

Ela me disse que aquele foi o primeiro dia em que me viu demonstrar torcer e lutar pelo seu sucesso, que aquela foi uma prova de que mesmo em dias que ela duvidava se seria capaz de fazer algo, teria alguém acreditando nela.

O interessante é que eu não me lembrava mais disso. Sabe por quê? Porque a pessoa que mais lembra não é a que valoriza, mas sim a que é valorizada.

Certa vez, tivemos a oportunidade de dar um treinamento em um evento para mais de 30 mil pessoas. Teríamos 25 minutos cada. Seria o treinamento para a maior quantidade de pessoas que já tínhamos feito. Andréa sabe como sou minucioso em meus treinamentos e como seria desafiador desenvolver bem um assunto em apenas 25 minutos. Por isso, ela me surpreendeu dizendo que achava melhor que eu usasse os 50 minutos somente para mim, para dar um ótimo treinamento.

Um dia antes do evento, falei com ela sobre tudo o que diria no treinamento e ela ficou radiante. No dia do treinamento, mesmo já sabendo tudo que iria acontecer, ela estava lá, na primeira fileira, com um sorriso gigante, gravando tudo.

O mais incrível é que, para todos que perguntavam por que ela também não subiu ao palco, Andréa dizia que não era necessário porque ela já se sentia muito bem representada por mim. Entenda: ela não estava apenas dizendo isso. Ela realmente demonstrava isso em cada pequeno ato, em sua postura, na sua torcida por mim, em cada atitude de apoio que me oferecia.

Compartilhar uma vida profissional com seu parceiro é acreditar, confiar, apoiar, dar espaço, quando necessário, para que ele seja grande, entendendo que essa grandeza é sua também.

Tenho orgulho de também ser representado por ela, como já aconteceu por diversas vezes, e seja o que for que ela fizer, eu sempre serei o cara na primeira fila a aplaudi-la.

Meu desejo mais sincero é que você encontre alguém com quem possa fazer o mesmo. E se já encontrou, que cuidem juntos para que essa parceria e cumplicidade só cresça.

9 mantenha uma boa comunicação com seu parceiro

De certa forma, durante este livro, estaremos falando de comunicação. Basta lembrar dos vários momentos em que já venho incentivando você a conversar com seu companheiro sobre os mais diversos assuntos, não é? Isso porque um dos princípios mais importantes de qualquer relacionamento é a comunicação. Especialmente em uma relação de casal, com tantos fatores envolvidos, a boa comunicação é essencial.

Primeiro precisamos definir o que é uma boa comunicação. Comunicar-se bem não é falar com palavras difíceis ou escrever textos lindos. Uma comunicação efetiva está baseada em se fazer entender pelo outro, em ter uma mensagem clara para que o outro consiga compreender exatamente o que você quer passar.

Nos comunicamos de diversas formas: por expressões, por atitudes, por palavras, e até mesmo a falta de uma das opções anteriores também é um modo de comunicação. Certa vez, li uma frase que me deixou pensando muito e que dizia que "o contrário do amor não é o ódio, é a indiferença". No que diz respeito aos relacionamentos de casal, podemos entender que, quando um dos parceiros escolhe parar de se comunicar, de certa forma também está escolhendo deixar de amar. A indiferença é um dos sinais mais fortes de que o relacionamento não está bem.

Em muitos casos, os parceiros acabam procurando alguém de fora da relação para conversar, porque não encontram isso em casa. Essa situação é uma das coisas mais prejudiciais para o relacionamento a dois. É preciso ter muito cuidado com esse tipo de comportamento. A boa comunicação é algo que precisa ser levado muito a sério.

A falta de comunicação é a chave para qualquer relacionamento de sucesso dar errado. Para um relacionamento ser bem-sucedido é preciso haver comunicação amorosa, apreciação mútua e compreensão.

A comunicação é uma das formas mais poderosas de o casal entrar em equilíbrio. Lembrando sempre que estar em equilíbrio não quer dizer estar do mesmo lado em tudo, mas sim que foi encontrado um meio-termo que satisfaz aos dois e a partir do qual os parceiros conseguem caminhar em harmonia.

Para que isso aconteça, é preciso demonstrar que você está aberta para se comunicar. O Livro de Tiago 1:19 diz: "(...) Todo o homem seja pronto para ouvir, tardio para falar, tardio para se irar". Comunicar-se não quer dizer só falar, mas principalmente que você está pronta também para ouvir. Perceba: temos dois ouvidos e uma boca, como um lembrete de que devemos ouvir mais do que falar. Quando não estamos dispostos a fazer isso, passamos a mensagem para nosso cônjuge de que o que ele tem a dizer não é importante – e isso não deve acontecer jamais.

Tudo o que é dito ajuda a compreender e a engrandecer a relação. Tudo o que não é dito, quando precisaria ser dito, deteriora a relação. A comunicação é a melhor maneira de criar relacionamentos fortes e duradouros.

Desenvolva a habilidade de ouvir seu parceiro com interesse legítimo. Na hora de ouvir o que ele tem a dizer é preciso deixar tudo de lado e realmente se concentrar nisso. Demonstre atenção também por meio de sua expressão corporal: nada de braços cruzados, nada de tiques nervosos, como o pé batendo no chão ou dedos batendo na mesa, por exemplo, como se quisesse que o outro acabasse logo de falar.

Olhe verdadeiramente para seu cônjuge, quando ele estiver falando, não como quem está pensando em outra coisa, mas como quem está atento a todos os sinais que ele demonstra e nas palavras que ele diz. Se você não costuma fazer isso, no início sentirá certa dificuldade. Mas não desista. Tudo na nossa vida é uma questão de treino. E isso merece todo seu esforço e dedicação.

Fazendo isso, você vai passar para seu cônjuge a mensagem de que se importa, se interessa, que ele tem quem o escute, o apoie e entenda. Muitas vezes você não precisará nem responder, porque a necessidade do outro pode não ser de um conselho, mas simplesmente de ser ouvido.

Lembre-se de, enquanto estiver escutando, usar de empatia. Ou seja, coloque-se no lugar do outro, procure entender verdadeiramente o que ele está dizendo, perceba como ele se sente, entenda o porquê de aquilo ser tão importante para ele. Quando julgamos a reação do outro pela forma como nós mesmos reagiríamos a determinadas situações não estamos sendo justos, porque não somos iguais e cada um pode sentir e reagir de maneira diferente a um mesmo estímulo. Entender isso é fundamental para a boa comunicação.

Esforce-se para entender os pontos de vista do outro e as razões pelas quais ele faz o que faz, ou porque reage de determinada maneira. Isso não quer dizer que você ache certo ou concorde com as reações dele, ou que faria o mesmo, mas significa que você entende o porquê de ele ter agido assim, ou estar pensando dessa forma.

Agora, antes que continuemos, só quero deixar um alerta: alguns estudos têm levado à conclusão de que os homens se distraem facilmente em uma conversa com a parceira. A atenção dos homens tende a durar apenas de três a seis minutos. Eu sei que isso não parece ser o suficiente para uma boa comunicação entre o casal, mas a verdade é que antes de continuar falando sem parar é preciso ter a certeza de que seu marido a está ouvindo. Garanta que ele esteja prestando atenção, colocando-o de volta no contexto, pedindo alguma sugestão, fazendo perguntas, ou tocando nele com carinho, para que volte sua atenção para você.

Outro ponto importante na comunicação é o tom de voz que se usa. Certa vez ouvi dizer que dez por cento dos conflitos entre casais se devem a diferenças de opiniões, enquanto os outros noventa por cento são devidos ao uso do tom de voz errado. O Livro de Provérbios 15:1 diz: "A resposta branda desvia o furor, mas a palavra dura suscita a ira". Nem sempre o problema está nas palavras que você diz, mas na forma como as diz. Procure não falar ou agir quando estiver com raiva. A ira passa e você irá conseguir pensar melhor depois disso.

Agora, é claro que escolher bem as palavras que você usa também faz diferença e pode até mesmo ajudar a evitar muitos problemas. O escritor inglês William Shakespeare escreveu: "Seja o que for que você pense, acho que é melhor dizê-lo com boas palavras". Encontrei uma história que exemplifica bem isso:

"Certa vez, um sultão sonhou que havia perdido todos os dentes. Logo que despertou, mandou chamar um adivinho para que interpretasse seu sonho.

Depois que o ouviu, exclamou o adivinho:

– Que desgraça, senhor! Cada dente caído representa a perda de um parente de Vossa Majestade.

O sultão, irritado, respondeu:

– Mas que insolente! Como te atreves a dizer-me semelhante coisa? Fora daqui! – Gritou o sultão enfurecido. Não se demorou a chamar os guardas e ordenou que lhe aplicassem cem açoites.

O sultão então mandou que trouxessem outro adivinho e lhe contou sobre o sonho. Este, após ouvir o sultão com atenção, disse-lhe:

– Excelso senhor! Grande felicidade vos está reservada. O sonho significa que haveis de sobreviver a todos os vossos parentes.

A fisionomia do sultão iluminou-se num sorriso e ele mandou dar cem moedas de ouro ao segundo adivinho.

Quando este saía do palácio, um dos cortesãos lhe disse admirado:

– Não é possível! A interpretação que você fez foi a mesma que o seu colega havia feito. Não entendo porque ao primeiro ele pagou com cem açoites e a você com cem moedas de ouro.

Respondeu, com sabedoria, o adivinho:

– Lembra-te, meu amigo, de que tudo depende da maneira de dizer. Um dos grandes desafios da humanidade é aprender a arte de comunicar-se. Da comunicação depende, muitas vezes, a felicidade ou a desgraça, a paz ou a guerra. Que a verdade deve ser dita em qualquer situação, não resta dúvida. Porém, a forma com que ela é comunicada é que tem provocado, em alguns casos, grandes problemas."

O casal deve conversar abertamente sobre todos os assuntos, lembrando sempre que podemos falar a respeito de qualquer coisa, mas devemos ter cuidado com como dizemos – quais as palavras, o tom de voz, os gestos, a energia que usaremos.

No relacionamento a dois, precisamos aprender a comunicar nossos mais íntimos sentimentos e pensamentos. Só assim o outro poderá nos entender melhor e nos ajudar, dentro do que lhe for possível. Isso irá criar cada vez mais vínculo, cumplicidade e intimidade entre o casal.

É preciso compreender também que nem todos os dias estamos bem, com bom ânimo e boa energia. Tanto nós, mulheres, temos nossos dias ruins, como os homens também têm os deles. Nesses dias, a comunicação pode não ser tão boa e temos que aprender a respeitar o outro em dias como esses. Às vezes, tudo que o outro precisa é de espaço, ou silêncio, ou compreensão. Sejamos tolerantes, flexíveis e pacientes. Tudo passa e essa fase ruim não vai durar para sempre. Acima de tudo, o apoio entre os parceiros é fundamental para que juntos passem os dias difíceis. No Livro de Mateus 26:38, Jesus diz: "Então, lhes disse: a minha alma está cheia de tristeza até a morte; ficai aqui e vigiai comigo".

Agora, para fazer acontecer uma melhoria significativa no seu casamento, quero lançar um desafio: o de comunicar todo o seu amor ao seu cônjuge. Tome a decisão de passar o dia todo fazendo com que seu marido saiba que ele é importante para você. Desde a hora que acordar até a hora em que forem dormir, comunique isso a ele de todas as formas que você tiver ao seu alcance.

Pense bem: o que você pode fazer para comunicar melhor isso a ele? Eleja cinco atitudes que irão passar essa informação com clareza e coloque em prática hoje mesmo. Tenho certeza de que o resultado disso será um dia empolgante para os dois.

O QUE DIZ O FELLIPE

É do perfil da Andréa ser dominante, ou seja, ela tem a tendência de se comunicar dando ordens, mesmo sem perceber isso. Por exemplo, ela me dizia: "Fellipe, coloque a roupa no cesto de roupa suja". Para muitas mulheres, essa frase pode até parecer não ter nada de errado, mas para boa parte dos homens ela soa como uma ordem e isso os irrita ao extremo. Comigo não era diferente: isso me incomodava, mas durante algum tempo eu apenas me fechava e não falava nada toda vez que isso acontecia.

Quando eu não falei com ela como me sentia em relação àquilo, nós dois passamos a falhar na comunicação. E é claro que isso não fica impune em um relacionamento a dois.

Um dia, já no meu limite, quando ela disse novamente a mesma frase, gritei: "Andréa, não me dê ordens!" Ela olhou para mim com "olhos de Mônica" (arregalados), sem entender o que estava acontecendo. Isso porque na cabeça dela não tinha intenção alguma de dar uma ordem, mas de fazer um pedido. Mas, na minha cabeça, pedidos vinham acompanhados das palavrinhas como "por favor".

Naquela situação, percebemos que algo ali precisava ser resolvido. Andréa passou a usar as palavrinhas "por favor" em cada pedido que me fazia, mesmo que no início essas palavras aparecessem segundos depois da frase ter sido dita, mas, para mim, o que importava de verdade era ver que ela estava se esforçando para se comunicar melhor comigo.

Todas as vezes que algo soa como um pedido, entendo que tenho uma escolha a fazer e não uma ordem a seguir. E, por isso, escolho atender seu pedido, como forma de demonstrar que a amo.

Só contei toda essa história para que você pudesse entender que na comunicação você pode até errar uma vez, sozinho. Mas a continuação do erro é responsabilidade dos dois.

10 faça da sinceridade uma das bases do seu relacionamento

Acabamos de falar sobre comunicação e é muito pertinente afirmar que para que ela seja eficaz, precisa ser acompanhada de sinceridade. Isso sim gera uma intimidade real entre o casal.

A sinceridade de que estamos falando aqui não é aquela descuidada, a fala sem filtro, com intenção de agredir, magoar, de jogar na cara do outro algum tipo de verdade. Não é assim que a sinceridade produz seus melhores frutos.

Lembra que no capítulo anterior falamos que precisamos ter o cuidado de nos comunicarmos com nosso parceiro com um tom adequado e escolhendo bem as palavras? Precisamos ser delicados e conscientes ao passar uma mensagem ao nosso parceiro, não é verdade? A sinceridade bem usada também segue essas mesmas regras e deve servir para proteger o seu parceiro e preservar a sua relação de casal.

Dito isso, vamos pensar juntas: qual é a razão pela qual marido e mulher devem ser sinceros um com o outro? Em primeiro lugar, porque não se constrói um relacionamento de qualidade em cima de falsidades. E, depois, porque um relacionamento de casal saudável nunca deve ser baseado em mentiras ou omissões que possam comprometer a confiança que deve prevalecer no relacionamento a dois.

A Bíblia está cheia de versículos que nos aconselham a usar de sinceridade nos nossos relacionamentos e nos garantem algumas promessas por fazê-lo. Por exemplo, no Livro de Provérbios, em dois versículos se fala da proteção àqueles que dizem a verdade:

- Livro de Provérbios 2:7: "Ele reserva a verdadeira sabedoria para os retos. Escudo é para os que caminham na sinceridade";

- Livro de Provérbios 10:9: "Quem anda em sinceridade, anda seguro; mas o que perverte os seus caminhos ficará conhecido".

Ainda na Bíblia, há a promessa de paz para aqueles que dizem a verdade: o Livro de Salmos 37:37 diz "Nota o homem sincero, e considera o reto, porque o fim desse homem é a paz".

E, por fim, a verdade não escraviza – destino esse tão comum a quem guarda algo somente para si, que não deveria; pelo contrário ela liberta: o Livro de João 8:32 diz: "E conhecereis a verdade, e a verdade vos libertará".

Assim como essas, existem várias outras passagens bíblicas que nos asseguram que o melhor a fazer é ser sincero e construir não só um relacionamento, mas uma vida toda pautada na verdade.

É fato que, até por uma questão de insegurança pessoal nossa, por mais sinceros que queiramos que nosso cônjuge seja, lá no fundo do nosso ser, muitas vezes, esperamos que ele seja assim só no que pode nos agradar, não é? Temos receio de encarar certas verdades que não nos sejam agradáveis.

Mas é importante entender que o que precisamos buscar com a sinceridade no casamento não é somente o elogio. É principalmente o crescimento – nosso, do nosso parceiro e da relação. Somente sabendo a verdade do outro podemos entendê-lo melhor e, caso necessário, compreender como podemos também melhorar a nós mesmas, para poder consolidar a relação a dois.

Como você pode perceber, essa é uma via de mão dupla. Você pode falar sinceramente, mas também precisa estar disposta a aceitar a sinceridade do seu parceiro, lembrando sempre que o objetivo de dizer a verdade um para o outro é fazer com que o relacionamento melhore e vocês se entendam – nunca o contrário disso.

Um relacionamento saudável, íntimo e duradouro não abre mão da sinceridade. O amor floresce e cresce onde encontra sinceridade e autenticidade. Mas entenda também que a sinceridade não é uma flor espontânea, ela tem que ser cultivada e exige empenho de sua parte para fazer com que sobreviva no meio dos desafios do dia a dia.

Quando falo sobre ser sincera, estou falando até mesmo de evitar aqueles problemas aparentemente sem importância, mas que podem render grandes desentendimentos.

Por exemplo: depois de alguma coisa boba acontecer entre a esposa e o marido e ela ter ficado chateada, ele pergunta "O que você tem? Aconteceu alguma coisa?". E ela resolve responder "Nada não. Não é nada". O marido continua a fazer o que que estava fazendo e não pergunta mais. E então a esposa fica com raiva.

Entenda que nesse caso o marido não é insensível, tanto que perguntou para a esposa se algo estava errado. Até tentou ver se poderia ajudá-la com algo. Mas ela resolveu dizer que não era nada, preferiu deixar tudo continuar errado, quando tinha uma chance de conversar com o parceiro e consertar sobre algo que não estava bem. E o problema se arrastou por sabe-se lá quanto tempo e só gerou mais energia ruim no relacionamento. Seria muito mais proveitoso que ela tivesse sido clara, objetiva e verdadeira: sincera, enfim. Teria dado a chance para que eles resolvessem de vez uma situação que nem era tão complicada e acabar de vez com aquele mal-estar.

Então, procure ser clara, objetiva e verdadeira, quando expressar as suas opiniões. É necessário que ambos os parceiros sejam sinceros nos principais pontos que envolvem o casal.

A falta de sinceridade é sempre um sinal de fraqueza, ou de um dos parceiros, ou mesmo da própria relação. Mas, por outro lado, tenha sempre em mente que por melhor que seja a sua razão para mentir, sempre haverá uma razão melhor para dizer a verdade. Então, não vacile. Decida sempre por ser verdadeira.

Já que estamos falando de sinceridade, vamos agora dar uma olhada no outro extremo: a mentira e a falsidade e o que elas são capazes de gerar de prejuízo em um relacionamento.

Ralph W. Emerson, famoso escritor, poeta e filósofo norte-americano, disse: "Aquele que profere uma mentira não pode avaliar em que enrascada se meteu, pois precisará inventar mais vinte mentiras para encobrir a primeira".

Já imaginou o estrago que isso pode causar em um casamento? E o final disso não é nada bom. Quanto mais mentiras você conta, mais você garante frustrações, mágoas e falta de confiança e mais se aproxima do fim do relacionamento.

Eu sei que muitas vezes temos medo de ser sinceros e das consequências disso, mas garanto que a mentira, como diz o próprio ditado, tem pernas curtas. Se você prefere um versículo que confirme isso, o Livro de Provérbios 12:19 diz: "Os lábios que dizem a verdade permanecem para sempre, mas a língua mentirosa dura apenas um instante". Então, se a mentira será revelada de qualquer forma, em algum momento, não é melhor enfrentar logo a verdade?

Entenda que enquanto a mentira só gera mais desconfiança, sentimento de traição, indignação e frustração, a verdade abre espaço para o perdão.

Acredite, ainda é tempo de fazer a coisa certa. Não permita que seu relacionamento chegue ao fim por conta de mentiras. A pessoa que está ao seu lado precisa confiar em você e a amar pelo que você é de verdade. E você também deve a ela o direito de conhecê-la por inteiro.

Pode ser que a sua dificuldade de se abrir por completo, de ser sincera, de dizer a verdade, de se entregar a um relacionamento, seja porque alguém, em algum momento a magoou. No livro *O pequeno príncipe*, de Antoine de Saint-Exupéry, tem uma lição poderosa sobre isso, que diz "É loucura odiar todas as rosas porque uma te espetou". O que ele nos ensina aqui é que não devemos generalizar. Não permita que o seu medo de ser magoada novamente a impeça de ter o relacionamento que você almeja, construído em cima de confiança e sinceridade.

Dito isso, agora é hora de você fazer uma reflexão e se dar conta do quanto você tem sido sincera no seu relacionamento com seu marido. Pense bem: existe alguma coisa que você anda escondendo do seu cônjuge? Quem sabe sejam aquelas compras que entram em casa nas sacolas de pão, para que ele não perceba? Ou mensagens no computador ou no celular, que você apaga para que ele não leia? Ou mesmo os motivos pelos quais você não se sente bem na relação? Ou os sonhos que você não tem compartilhado com seu parceiro? O que você pensa sobre seu marido, principalmente as coisas que não são boas e que você não vem falando e que, assim, não dá a ele a chance de mudar?

Pare um pouco esta leitura e reflita sobre isso. E tome a decisão de fazer diferente, de ser mais sincera, consigo mesma, com seu companheiro e com a sua relação a dois.

Como costuma-se dizer, "toda meia-verdade é uma mentira completa". E uma única mentira, por menor que seja, é capaz de destruir toda uma reputação de integridade e seriedade de comportamento. Simplesmente porque alguém que mente sobre as pequenas coisas com certeza mentirá também sobre grandes coisas.

Essa é a importância da sinceridade na vida do casal. Então, a partir de agora, você só tem um de dois caminhos a seguir: o da verdade, mesmo que a princípio seja dolorosa, mas que irá deixar você livre e pronta para continuar sendo abençoada em seu relacionamento de casal; ou o caminho da mentira e das omissões, em que você estará construindo seu relacionamento na areia e a qualquer hora poderá desabar.

Qual é a sua decisão?

O QUE DIZ O FELLIPE

A sinceridade, dita da melhor forma, pode ser uma segunda chance que damos um ao outro e também ao nosso casamento. E para que ela seja mesmo eficaz, precisa ser dita também no ambiente certo.

Lembra daquele ditado que diz que "roupa suja se lava em casa"? Pois bem, essa é a mais pura verdade. Se vamos falar algo com nosso cônjuge, seja uma advertência, uma correção, uma orientação que de alguma forma pode constrangê-lo, precisamos fazer isso, quando estivermos sozinhos e em um ambiente em que poderemos falar a respeito do assunto sem expor nossa esposa, a nós mesmos e nossa relação a dois.

Além disso, é preciso considerar que ser sincero com o outro nem sempre gera um sentimento de conforto e bem-estar. Fazer isso em uma festa ou comemoração, por exemplo, pode mudar todo o clima do ambiente, para vocês e para outras pessoas.

Veja de forma positiva essa necessidade de se conter e esperar a hora e o local adequados para falar com sua esposa: não falar imediatamente o que você quer pode dar tempo para que encontre a melhor forma de dizê-lo e, ainda, encontrar a calma necessária para fazer isso.

Guarde sua sinceridade em público para os elogios, para afirmações positivas em relação ao outro e ao relacionamento. Lembrando sempre que, se o objetivo é levar o seu casamento para uma condição ainda melhor, aprender a conversar de maneira correta e em particular é totalmente necessário para preservar a integridade do seu relacionamento

11 construa um relacionamento baseado na confiança

Algo muito importante que quero falar para você agora é que todos os bons relacionamentos que conheço estão construídos em cima de dois pilares principais: a confiança e o respeito mútuos.

Nenhum casamento pode sobreviver sem confiança. Não é possível ter uma relação saudável sem a total confiança entre os cônjuges.

É lógico que você já sabe que a confiança é extremamente vital para o seu casamento prosperar, ter harmonia e ser gratificante. E também que a confiança é a coisa mais importante para fazer com que um relacionamento valha a pena. Na verdade, como se diz popularmente, "a confiança é o cimento que mantém um casamento sólido".

Feliz aquele que encontra um cônjuge em quem possa confiar, porque ele tem mais valor do que qualquer outro tesouro que se possa imaginar. É como diz a Bíblia:

- Livro de Provérbios 31:10,11: "Mulher virtuosa, quem a achará? O seu valor excede o de finas joias. O coração de seu marido confia nela..."

- Livro de Provérbios 20:6: "Muitos proclamam a sua própria benignidade; mas o homem fidedigno (confiável), quem o achará?"

Agora, muita atenção: para encontrar e manter um relacionamento de confiança com alguém, antes você também precisa ser confiável. A confiança tem que ser recíproca, ela exige ser correspondida para sobreviver e se fortalecer. É a confiança mútua que une de verdade os parceiros em um casamento.

Mas, afinal, o que é confiança? Se olharmos no dicionário, vamos encontrar que é o sentimento de quem confia, de quem acredita na sinceridade de algo ou de alguém... Mas, resumindo, eu diria que confiar é o ato de entregar-se a alguém com segurança. O tipo de entrega totalmente desejável e necessária no casamento.

O que "entregar-se" quer dizer, neste caso? Sabe quando uma criança está brincando com o pai em uma piscina funda e quando ele pede para que pule em seus braços, ela não pensa nem uma vez sequer e pula, mesmo não sabendo nadar? Ela faz isso porque confia em seu pai. Ela sabe que quem está pedindo para pular não deixará que se afogue. Esse é o tipo de entrega que somente a confiança proporciona.

Quem confia põe sua vida nas mãos do outro, sem nenhum tipo de reserva, sem medo de parecer ou reconhecer que é vulnerável diante do outro ou de alguma situação.

Certa vez ouvi uma frase que dizia que "confiar é dar ao outro o poder de te destruir, sabendo que ele não fará isso". É se abrir, contar não só suas qualidades e vitórias, mas também seus medos, fracassos, defeitos e erros. É se expor de peito aberto, sabendo que seu cônjuge não usará aquilo contra você em nenhum momento – ao contrário, ele será sempre a força de que você precisa nas suas fraquezas.

Acima de qualquer outra coisa, confiar significa que você pode contar com o apoio do outro para viver, caminhar e seguir em frente.

Sabe qual é a parte de uma cerimônia de casamento em que mais me emociono? É quando o noivo vai ao encontro da noiva e a recebe, de quem a estiver levando até o altar, segura sua mão ou lhe oferece o braço e juntos andam até o celebrante do casamento. Para mim, esse momento, se pudesse ser narrado de outra forma, seria o exato instante em que, diante de todos, um promete ao outro viver, caminhar e seguir em frente juntos. É o momento símbolo da entrega e da confiança que um deposita no outro. E mesmo sendo feita silenciosamente, essa é uma das promessas e um dos compromissos mais importantes na vida do casal e que não devem jamais ser esquecidos.

Sabendo disso, é preciso ficar atenta a quem você dará a graça de confiar tudo isso. Se ainda não casou, preste atenção aos sinais que seu pretendente lhe dá. Caso seu namorado minta para os pais, ou até mesmo para você, tem grandes chances de ele continuar a fazer o mesmo no casamento.

Agora talvez você possa até querer dizer: "Mas, Andréa! São mentirinhas bobas as que ele diz, não tem problema". E eu digo: não se engane. O Livro de Lucas 16:10 diz: "Aquele que é fiel nas coisas pequenas será também fiel nas coisas grandes. E quem é injusto nas coisas pequenas, sê-lo-á também nas grandes". Por isso, fique atenta aos detalhes, porque as pequenas coisas podem ser muito reveladoras.

Tem uma passagem na Bíblia, da qual gosto muito, em que o apóstolo Paulo, no Livro Bíblico 1 de Coríntios 13:4,7, faz uma das mais famosas e poéticas definições do amor. Nela ele fala também sobre confiança. Ele diz: "O amor não arde em ciúmes (...) Tudo crê".

Veja como entendo o que essa passagem está dizendo: o ciúme, até certo ponto, é saudável, vem do cuidado, do zelo, da proteção. Mas o "arder em ciúmes" vem da obsessão, do desejo de posse, da falta de confiança. E "o amor tudo crê" significa que aquele que ama confia, acredita.

E você agora poderia virar para mim e dizer: "Não sei não, Andréa! Eu até confiava, mas depois que fui traída não consigo fazer o mesmo". O que digo é que se depois do que aconteceu vocês decidiram continuar juntos, então precisam definir, e decidir, se vão continuar vivendo no passado, ou vão construir um futuro juntos dali para a frente.

É importante entender que a confiança no casamento sempre pode ser construída e fortalecida com o tempo. Mesmo depois que a confiança foi quebrada, ela pode ser refeita, desde que o casal decida firmemente fazer isso, se comprometam com essa decisão, mesmo que isso possa parecer difícil a princípio, e passem a usar com seriedade a transparência e a comunicação efetiva no dia a dia da relação.

É lógico que se recompor após uma quebra de confiança é algo que vai ter que vir acompanhado de muita paciência. Além disso, para que isso dê certo, os erros do passado não podem ser colocados na mesa em cada oportunidade que se tiver, senão a cada passo dado para frente serão dados dois para trás.

Outro ponto importante é compreender que será necessário se arriscar a confiar novamente no seu parceiro, mesmo depois de ele já ter quebrado a sua confiança. Porque, afinal, o casamento não pode ser uma prisão. É preciso entender que o que a deixará mais confiante e segura não é construir uma redoma em volta do seu parceiro e não permitir que ele vá a algum lugar, ou converse com alguém, ou exigir que ele esteja sempre ao seu lado. Por mais incrível que possa parecer, a melhor maneira de descobrir se você pode confiar em seu parceiro é confiando nele.

Lembrei-me de uma história que ouvi há muito tempo e que ilustra bem o que quero te dizer. Acompanhe comigo:

"Mãe e filha caminhavam pela praia, quando a menina perguntou:

– Mãe, como se faz para manter um amor?

A mãe, calmamente, disse:

– Pegue um pouco de areia e feche sua mão com força.

A menina fez o que a mãe falou e reparou que quanto mais apertava a areia com a mão, mais ela escapava por entre seus dedos.

– Mãe, mas assim a areia cai!

– Eu sei! – Afirmou a mãe. – Agora, pegue a areia e deixe a mão completamente aberta.

A menina assim fez, mas veio um vento forte e levou consigo a areia que restava.

– Assim também não consigo mantê-la na minha mão. – Disse a menina.

A mãe, sempre a sorrir, disse-lhe:

– Agora, pegue outra vez um pouco de areia e mantenha sua mão semiaberta, como se fosse uma colher. Bastante fechada para proteger a areia, mas aberta o bastante para dar-lhe liberdade.

A menina então experimentou e viu que dessa forma a areia não escapava de sua mão e ainda estava protegida do vento.

Olhando para a mãe, ouviu a resposta final à sua pergunta:

– É assim que se faz durar o amor."

Jamais pense que amar é ser "dono" de alguém. Esteja perto o suficiente para proteger seu parceiro, mas não para sufocá-lo.

O casamento é algo que precisa ser trabalhado todos os dias, mas essa tarefa será bem mais fácil se você for aberto, confiante e amoroso. Se não houver confiança vinda dos dois lados, raramente o casal conseguirá continuar com a relação. É preciso confiar para que ambos os parceiros se sintam totalmente à vontade na relação. Que se sintam livres para partir, mas queiram ficar ali mesmo.

Existe um pensamento muito bonito que diz: "Lindo é quando alguém escolhe pousar ao seu lado, podendo voar. Quando, podendo até encontrar outros ninhos, outros caminhos, resolve ficar".

O verbo mais poderoso desse pensamento é o verbo escolher. Não podemos roubar do outro o direito de escolha e precisamos confiar que a pessoa que está ao nosso lado fará as melhores escolhas, sempre pensando no bem do casal.

A coisa mais incrível é quando um casal decide ficar juntos por escolha pessoal de cada um, então o casamento cria confiança, a mais preciosa das joias de um relacionamento a dois.

Quando os parceiros confiam um no outro, de modo a terem um relacionamento harmônico e cheio de boa energia, isso gera condições para que ambos tenham sucesso em todas as áreas da vida. Um relacionamento que vai bem é decisivo para o sucesso.

Pense comigo: você já percebeu que quando as coisas não estão bem em casa raramente estão bem nas outras áreas da sua vida? Isso acontece porque o seu emocional influencia diretamente todas as partes da sua vida.

É aqui que entra a importância de uma relação a dois harmônica, em paz, cheia de energia reconfortante. Você e o seu lar precisam ser para o seu parceiro o porto seguro, o recanto de segurança e de abastecimento de boa energia. Um lar não pode jamais ser parte da tempestade que cai lá fora. Então, jamais inverta isso.

Um casal precisa confiar que cada um fará pelo outro tudo o que for possível para que ele tenha prazer em estar em casa, que sinta conforto por estar ao seu lado. Somente assim será possível crescerem juntos e valerá a pena construir um relacionamento.

Agora, sendo prática, é preciso treinar exercer essa sua confiança pelo seu cônjuge. Então, defina três ações que você irá executar e que podem demonstrar que você confia nele. Por exemplo:

- Se você ainda tiver senhas no celular ou no computador que ele não saiba, conte quais são para ele.

- Toda vez que ele ligar para você falando que atrasou, mas já está chegando, preste atenção exatamente no que ele está dizendo e pare de fazer um interrogatório, como "Onde você está? Com quem? O que estão fazendo? Por que foram aí? Por que não me chamou?" Concentre-se no fato de que ele se importou o suficiente para ligar e avisar que se atrasaria.

- Conte a ele algo importante, que você nunca tenha contado. Compartilhe assuntos que ele sinta que são muito fortes e importantes para você e que se sinta orgulhoso por ser merecedor dessa sua confidência.

A confiança não é uma simples rua, é uma estrada muito longa. Quanto mais vocês andarem por ela, a mais lugares incríveis no seu relacionamento ela irá levar vocês.

Mais ainda, essa é uma via de mão dupla, com tráfego nos dois sentidos. Isto é: confiança vai, confiança vem. E não pode ser diferente porque nada pode ser feito pela relação a dois se não houver confiança mútua entre marido e mulher.

O QUE DIZ O FELLIPE

Se você chegou até aqui lendo somente as minhas partes do livro, preciso alertá-lo sobre uma coisa: uma das pessoas que conheço que tem o melhor poder de argumentação e convencimento é minha esposa. E é isso que, com certeza, ela também está ensinando para a sua.

Vou dar um exemplo de como ela usa essa habilidade comigo:

Um dia, perguntaram a ela, na minha frente, se não tinha medo que eu a traísse, se ela confiava completamente em mim. E ela, calmamente respondeu:

"Eu não tenho medo de que ele me traia. Porque, pense comigo, se o Fellipe fizer algo assim com a pessoa que ele mais diz amar e respeitar, com quem ele jurou publicamente compromisso e fidelidade, e não na frente de qualquer um, mas de seus familiares e melhores amigos, o que ele faria com as outras pessoas que confiam nele?"

Assim que ela terminou de dizer isso, olhou carinhosamente para mim, com um largo sorriso que só ela sabe dar, certa de que cada palavra que disse tinha feito todo sentido do mundo na minha cabeça e no meu coração.

Trabalho com pessoas, exerço uma posição de liderança em que grande parte do sucesso do meu trabalho está na confiança das pessoas em mim e no que eu faço. E Andréa sabe exatamente o quanto isso é importante para mim. Ou seja, dizendo o que disse, ela só estava me fazendo entender que falhar com ela era dar aos outros a certeza que eu poderia falhar com todos. Afinal, se eu traio a pessoa que mais amo, por que não poderia fazer o mesmo com as demais?

Entende isso?

Meu desejo mais sincero é que você aproveite para aprender com esta explicação e com o que Andréa está ensinando neste livro e não com as consequências de erros que você possa vir a cometer.

12 pratique a tolerância

O pensador alemão Carl W. Buehner nos deixou uma frase muito especial, de que eu nunca me esqueço: "As pessoas se esquecerão do que você disse, as pessoas se esquecerão do que você fez. Mas elas nunca se esquecerão de como você as fez sentir".

Muitas vezes erramos feio, porque "no calor do momento" temos atitudes de que nos arrependemos depois, porque acabamos gerando nas pessoas à nossa volta sentimentos não muito nobres.

Você se lembra de alguma situação em que se estivesse mais calma teria agido de maneira diferente, teria sido mais tolerante, mais paciente, não teria magoado pessoas?

Eu me lembro de várias. Não tenho orgulho disso, mas sei que são justamente essas lembranças e o arrependimento de ter agido de determinada maneira inadequada que me fizeram ficar cada vez mais consciente dos meus atos. E, a partir daí, exercer melhor a tolerância.

Mas, o que é tolerância? O que significa ser tolerante? Se formos pela definição pura e simples da palavra, vamos chegar a ideias como "aceitar; suportar com resignação, sem reclamar". Mas a tolerância real significa respeitar as outras pessoas, mesmo quando elas o deixam pensando seriamente sobre "o que elas estão fazendo", mesmo quando as ideias delas parecem não encaixar naquilo que você compreende como razoável. Tolerar é, na verdade, um exercício de humildade e de respeito ao próximo. É a capacidade de aceitar o diferente: opiniões, posições, crenças, ideias.

Ser tolerante vai exigir entender que você não é o centro do universo e nem dono da razão. Que existem verdades diferentes daquelas em que você acredita. Aqui vai mais uma história para ilustrar essa ideia:

"Conta uma parábola que um homem reuniu milhares de pessoas para pregar-lhes a verdade. Ao final do sermão, em vez de aplausos, houve um grande silêncio. Até que uma voz se levantou ao fundo e disse:

– O que o senhor disse não é a verdade.

O palestrante indignou-se:

– Como não é verdade? Anunciei o que me foi ensinado.

O objetante retrucou:

– Existem três verdades: a do senhor, a minha e a "verdade verdadeira". Nós dois, juntos, devemos buscar "a verdade verdadeira".

E é exatamente isso que devemos buscar no relacionamento: "a verdade verdadeira". Aquela que só se encontra quando entendemos que nenhum de nós tem a verdade completa sozinhos e que somente juntos conseguimos encontrá-la.

Cada um vê a verdade por seu ângulo de visão. E esse ângulo depende de toda a sua vida pregressa e da sua história de vida e daquilo em que ele acredita. Portanto, a verdade que satisfaz a você pode não satisfazer ao seu marido. Então, a verdade que deve ser buscada é aquela que satisfaça a vocês dois.

É importante compreender que com a tolerância você dá ao seu parceiro todos os direitos que reivindica para si mesma. E isso é, sem dúvida, um ato de amor.

Portanto, tolerar quer dizer que é preciso, de início, respeitar a verdade do outro, enquanto vocês caminham para obter uma verdade comum ao casal. Mas tolerar não quer dizer que você vai aceitar tudo automaticamente, que vai perder seu direito de opinar e pensar diferente. De forma alguma isso iria funcionar. Tolerar é entender que da mesma forma que você, todos têm o mesmo direito a ter a sua verdade. E é a tolerância que nos permite permanecermos juntos, enquanto buscamos a verdade comum aos dois.

Tolerância, compromisso, compreensão, aceitação, paciência são ferramentas essenciais que devem estar sempre presentes em um relacionamento a dois.

Lógico que como humanos que somos, às vezes, por diversas circunstâncias, podemos ficar irritados um com o outro. Faz parte de todo relacionamento haver pontos de discordância. E isso não é de todo ruim, porque se olharmos para o que provoca isso, teremos a chance de tratar as causas e resolver o problema. O mal é que normalmente gastamos tanta energia em ficar irritada, chateada, reclamando, que esquecemos de resolver de fato o que nos incomoda.

Quer ter uma ideia das reflexões positivas que uma situação de crise pode provocar, se nos mantivermos tolerantes, em vez de nos irritarmos? Aqui algumas sugestões de pensamentos: "Isso realmente deveria me irritar dessa maneira? Meu problema é esse mesmo, ou é outro e estou misturando as coisas? Não estou levando isso a sério demais? Minhas cobranças não estão sendo exageradas?".

Deixe-me contar um segredo meu, aqui, só entre nós: tem dias que o Fellipe cria caso por tudo (está pensando que é só seu marido que faz isso?). Nesses dias, entendo que é Deus querendo trabalhar minha tolerância e ver se já estou pronta para passar para uma próxima fase. Então, todas as vezes que ele fala algo que poderia gerar uma briga, eu falo: "Não adianta, Fellipe, você não vai conseguir uma briga hoje, porque eu estou muito tranquila".

Algumas vezes, eu não estou tão tranquila assim, confesso, mas o fato de dizer isso me faz ficar. E como estou atenta à tolerância, não aceito o "convite" dele para brigar. E, por incrível que pareça, sabe como ele reage? Morre de rir, porque percebe como agiu de forma inadequada.

Assim que a graça é estabelecida, sempre brincamos imitando a maneira como um casal que gostaria de brigar faria. Então ele fala, eu respondo e nosso teatro de como poderia ter sido nos convence de que, realmente, não valeria a pena levar aquilo tão a sério.

O Fellipe sempre me diz: "Um dia, temos que gravar isso. Precisamos usar isso para ajudar outras pessoas a serem mais tolerantes". É claro, desta vez ainda não foi um vídeo, mas agora o nosso segredo já está registrado neste livro. Quem sabe você também se inspire a transformar, junto com seu marido, a cena que já faziam quando ficavam irritados em um teatro e aprendam a se divertir com isso.

É valido lembrar que tanto você quanto seu parceiro nem sempre estão irritados um com o outro, de verdade. Às vezes, só descontaram entre vocês o estresse, a ansiedade, as frustrações que trouxeram da rua, do trabalho, do contato com os parentes, por exemplo. Gerenciar isso não é fácil, mas olhar para seu parceiro como quem quer verdadeiramente entendê-lo e saber como ajudá-lo, em vez de "tentar pagar na mesma moeda", ou se portar como vítima, pode quebrar todo um ciclo de irritabilidade e intolerância.

Existe uma historinha bem interessante que ilustra bem o que estamos conversando:

"Um diretor de empresa gritou com seu gerente comercial porque estava com muito ódio naquele momento. O gerente, chegando em casa, gritou com sua esposa, acusando-a de gastar demais com um farto almoço à mesa.

A esposa, nervosa, gritou com a empregada, que acabou quebrando um prato, que caiu no chão. Enquanto limpava os cacos de vidro, a empregada chutou o cachorrinho em que tropeçou na cozinha.

O cachorrinho saiu correndo de casa e acabou mordendo uma senhora que passava pela rua. Essa senhora foi à farmácia fazer um curativo e tomar uma vacina e gritou com o farmacêutico, porque doeu quando a vacina foi aplicada.

O farmacêutico, chegando em casa, gritou com sua esposa porque o jantar não estava do seu agrado.

Sua esposa, tolerante, um manancial de amor e perdão, afagou seus cabelos e o beijou, dizendo:

– Querido, prometo que amanhã farei o seu prato favorito. Você trabalha muito, está cansado e precisa de uma boa noite de sono. Vou trocar os lençóis da nossa cama por outros bem limpinhos e cheirosos, para que você durma tranquilo. Amanhã você vai sentir-se bem melhor. E, se retirando, deixou-o sozinho com os seus pensamentos. O homem se acalmou e tudo voltou à paz.

Naquele momento, rompeu-se o "círculo do ódio", porque ele esbarrou com *a* tolerância, a doçura, o perdão e o amor."

Isso é muito comum de acontecer. Alguém que tem um motivo para estar irritado desconta em outro alguém que nada tinha a ver com a história, que por sua vez descarrega em mais outra pessoa, e assim por diante, sem que ninguém tome consciência dos reais motivos de sua chateação. Cria-se, então, uma cadeia de eventos viciosos, que se propaga muito além do que seria lógico imaginar.

Então, se você se encontra, ou se o colocaram, em um círculo de ódio, lembre-se de que com tolerância, doçura, perdão e amor você pode quebrá-lo.

É fato que essa reação positiva só é possível através de uma decisão consciente e de algum esforço para não reagir à provocação e nem passar adiante essa energia contaminada. Mas, quanto mais nos tornamos conscientes das consequências de nossa intolerância ou irritabilidade, menos erros cometeremos.

A tolerância exige de nós algumas coisas que muitas vezes não estão de acordo com aquilo que realmente queremos. Por isso, ser tolerante tem algo a ver com fazer algum sacrifício. Mas um sacrifício por uma boa causa, uma causa legítima e merecedora, como por amor, por companheirismo e parceria, por fidelidade ao seu parceiro na relação a dois, sempre vale muito a pena e invariavelmente é muito recompensador.

Para muitos, a palavra sacrifício tem apenas uma conotação negativa, carregando um significado de renúncia, ou de algo difícil ou desagradável de ser feito. Mas quero, juntamente com você, dar um novo significado a ela.

A palavra sacrifício vem do latim e é composta por duas outras palavras: *sacer* e *facere*. *Sacer* significa sagrado, divino, e *facere* significa fazer. Ou seja, sacrifício significa simplesmente fazer algo divino, sagrado. E eu acredito que você só faz isso, de verdade, por quem ama.

Minha mãe nasceu na roça e depois foi morar na cidade. Lembro-me de que logo que meu pai se aposentou ele quis comprar um pedacinho de terra à beira do rio, para poder pescar. Minha mãe não gostava muito de ter que ir pra roça, mas ainda assim ela ia, para acompanhar meu pai.

Com o passar dos anos, meu pai foi ficando cada vez mais doente e os médicos deram a ele poucos anos de vida. Nessa época, ele queria passar mais tempo na roça, mas minha mãe ainda trabalhava com vendas na cidade e amava fazer isso. Mesmo amando seu trabalho, e não gostando de ficar por longos períodos na roça, ela deixou o que fazia e foi morar no sítio com meu pai – é claro que ela não foi porque gostasse disso, mas sim porque, mais do que tudo, ela amava meu pai e queria estar com ele em um lugar onde ele se sentia feliz. Meu pai faleceu alguns anos depois.

Tenho certeza de que se você perguntasse para minha mãe, hoje, se ela faria diferente, ela iria dizer que faria tudo de novo da mesma forma. Ela não vai lembrar das dificuldades ou das coisas de que abriu mão para fazer isso, mas vai contar em detalhes como aquele tempo foi precioso.

Por isso é que eu digo que os motivos que a levarão a sacrificar-se serão os mesmos que darão um novo significado à sua dor e à dificuldade em fazer o que sentir que deve fazer.

Durante todo o seu relacionamento, os sacrifícios e renúncias serão comuns, dos dois lados. Seja porque a rotina vai mudar com os filhos, seja porque precisam apertar o orçamento para fazer aquela viagem tão sonhada acontecer, ou para construir a casa dos seus sonhos. O importante é vocês terem claros os motivos pelos quais estarão se sacrificando, porque é isso que vai fazer vocês se doarem a esse propósito.

Antoine de Saint-Exupéry, no livro *O pequeno príncipe*, diz: "É preciso que eu suporte duas ou três larvas, se quiser conhecer as borboletas".

Para alcançar o que desejamos, às vezes precisamos passar por algumas fases de que não gostamos. E isso também é tolerância. Mas não se preocupe, porque quando alcançarem o que almejam, vocês verão que tudo valeu a pena.

Finalmente, quero dizer que viver com tolerância é relevar, é desculpar o outro. É perdoar, não levar em conta o erro dele. É não valorizar demais o problema no relacionamento, mas sim supervalorizar a harmonia no lar. Então, aceite um conselho: **releve!**

Agora, chegou a hora de levar isso para o seu relacionamento. Você já percebeu que tem algumas coisas que seu esposo sempre faz e que a irritam? Ótimo!

Você deve estar se perguntando: "Ótimo por quê, Andréa?"

Porque se você sabe quais são os pontos que a incomodam, pode ver a possibilidade de ajudar seu marido a não fazer mais aquilo, ou pode treinar como reagir a eles. Entende?

Pense em três coisas comuns que costumam irritar você no seu relacionamento. Anote em um papel. Agora, anote ao lado de cada ponto que você listou de que forma você poderia agir diferente, para que isso não a chateie mais.

Lembre-se de que este exercício é sobre o que **você** poderia fazer diferente. É importante estar consciente de que você só pode trabalhar naquilo que está sob o seu controle, ou seja, naquilo que só depende de você. O que depende do seu marido, só ele pode resolver.

Aproveitando que estamos falando sobre tolerância, quero agradecer a você por ter chegado até aqui na leitura deste livro. Acredito que podemos pensar diferente em vários pontos, mas ainda assim, você decidiu continuar lendo, pegando o que importa para você e desconsiderando o resto. Mesmo que inconscientemente, você já estava exercendo a tolerância em toda esta jornada de leitura. Gratidão por isso.

O QUE DIZ O FELLIPE

Acredito que você já percebeu como, ao longo dos anos, vamos criando algumas "verdades absolutas" sobre determinados assuntos. São tão absolutas que quando nossa esposa vem nos falar algo sobre aquilo, acabamos falando "Eu já sei", sem nem mesmo ouvir direito o que ela tem a dizer. Ou então dizemos simplesmente "Não quero discutir sobre isso".

Ser intolerante não é só não abrir mão de sua própria verdade, é também não ouvir a verdade do outro.

No casamento, em especial, precisamos aprender a não impor nossas verdades, mas sim manter um ambiente onde cada um dos cônjuges tenha o direito de explicar seu ponto de vista, argumentar e, quem sabe, tentar convencer o outro sobre o seu ponto de vista. E, é claro, estar aberto também para aceitar o ponto de vista do outro.

Acredito que um dos grandes desafios no relacionamento é entender que, ao longo da vida, juntos, temos a chance de dizer o que pensamos, mas precisamos ter também a predisposição para pensar melhor, mudar de opinião e, se for o caso, aceitar a forma como o outro pensa.

Dominar isso é garantir uma comunicação eficiente e um crescimento constante no entendimento e na tolerância do casal.

13 permita-se errar e aceite o erro do outro

Já deu para perceber que eu adoro histórias, né? Então, deixe-me contar mais uma, sobre a conversa que tive antes de entrar para o meu casamento.

Tive o privilégio de ser levada por um casal de amigos, Dio e Flávia, até o local do meu casamento. Lembro-me de que enquanto esperava a minha hora de entrar, Dio me perguntou: "Você sabe com quem é a aliança mais importante que está fazendo hoje?"

Confesso que, no primeiro momento, eu me perguntei, silenciosamente, se ele não havia recebido o convite, ou não conhecia o Fellipe. Mas então a resposta se revelou para mim. E antes que eu a falasse em voz alta, ele continuou: "A aliança mais importante a ser feita hoje é com Deus! Porque se sua aliança for somente com Fellipe, ela não irá durar. Você é falha, o Fellipe é falho, vocês vão errar um com o outro. Então, se a aliança for somente entre vocês, ela não irá ser forte o suficiente para lidar com os erros que cometerão. Agora, caso ela seja feita com Deus, Ele é perfeito, não erra, não falha. Dessa forma, a aliança sendo com Ele, não tem porque seu casamento acabar."

Eu nunca me esqueci daquela conversa. E, antes de descer daquele carro, em meu coração, eu já tinha feito aquela aliança com Deus.

Tem uma frase poderosa que diz que "o casamento é feito de duas pessoas imperfeitas que se recusam a desistir uma da outra". Essa é a mais pura verdade.

Você pode estar pensando agora: "Mas pera aí, Andréa! Você está me dizendo que escreveu um livro sobre relacionamentos e nem mesmo você tem o relacionamento perfeito?" Se você estiver pensando isso, quero lhe dizer: "Seja bem-vinda ao nosso time!"

É claro que eu não tenho um relacionamento perfeito, sem erros ou falhas. Sabe por quê? Porque eu sou um ser humano falho, como todos os outros. Assim como o Fellipe é também humano e comete erros.

O que temos é um relacionamento para o qual damos nosso melhor, todos os dias, acompanhados de um desejo enorme de fazer dar certo. Um amor que existe e cresce "apesar de" e não "por causa de". Quero dizer com isso que amamos um ao outro pelas nossas qualidades, mas que mesmo depois de conhecer nossos defeitos e saber dos nossos erros, isso não faz com que nos amemos menos. Porque amar é aceitar o outro por completo.

Então, não viva seu relacionamento como se ele tivesse um teto de vidro, que a qualquer momento pode quebrar. Você e seu cônjuge têm o direito de cometer erros, entendam isso. E vão fazê-lo, mesmo que se esforcem para que não façam. E quando isso acontecer, não se culpem demasiadamente, nem se julguem.

Decidam acreditar que em todos os nossos comportamentos, sejam eles bons ou ruins, certos ou errados, existe uma intenção positiva por trás e existe uma lição a ser aprendida. Eu sei que não é fácil, mas é a maneira mais sábia de lidar com a certeza de que em seu relacionamento vai haver erros.

O primeiro passo para resolver e perdoar um erro é admitir que ele existiu. Enquanto o casal negar que o problema existe, não haverá perdão nem solução.

Que tal voltar o foco um pouco para você mesma agora? Procure lembrar-se de alguma ocasião em que você errou e isso causou dor em seu companheiro. Você tinha, de fato, intenção de feri-lo, ou magoá-lo? Acredito que não. Por pior que tenha sido seu erro, naquele momento várias coisas contribuíram para que ele acontecesse. Não quero dizer com isso que você estava certa. Mas quero dizer que é possível, com os olhos do amor, enxergar aquela situação de outra maneira, sem ser tão dura com você mesma e sendo muito mais compreensiva com o seu parceiro nos erros que porventura ele cometer.

Como você quer que o seu casamento dê certo, que seja feliz e bem-aventurado, então chegou a hora de entender que cada decisão tomada, cada escolha feita, cada atitude que temos está de acordo com os recursos que temos no momento, de acordo com as nossas experiências acumuladas. Nossa mente sempre seleciona comportamentos, atitudes e reações "adequadas" para cada momento, com base na nossa capacidade de decisão daquela hora e naquela situação específica. Por isso, lembre-se de não avaliar nada isoladamente, porque tudo o que você decide está dentro de um contexto maior. Portanto, seja sempre compreensiva e saiba perdoar os erros – tanto os do seu companheiro quanto os seus próprios.

Certa vez, li um texto muito bonito, de autoria desconhecida: "Quando eu ainda era um menino, minha mãe gostava de fazer um lanche, tipo café da manhã, na hora do jantar. E me lembro especialmente de uma noite quando ela fez um lanche desses, depois de um dia de trabalho muito duro.

Naquela noite distante, minha mãe colocou à mesa para o meu pai um copo com leite e um prato com torradas bastante queimadas. Lembro-me de ter esperado um pouco, para ver se alguém notava o fato. Mas tudo o que meu pai fez foi pegar suas torradas, sorrir para minha mãe e me perguntar como tinha sido o meu dia na escola.

Eu não me lembro do que respondi, mas lembro-me de ter olhado para ele lambuzando a torrada com manteiga e geleia e engolindo cada pedaço.

Quando deixei a mesa naquela noite, ouvi minha mãe se desculpando por ter queimado as torradas. E nunca esquecerei o que ele disse:

– Amor, eu adoro torrada queimada.

Mais tarde, naquela noite, quando fui dar um beijo de boa-noite em meu pai, perguntei se ele realmente gostava de torrada queimada. Ele me envolveu em seus braços e me disse:

– Filho, isso realmente não importa. Sua mãe teve um dia de trabalho muito pesado e estava realmente cansada, mas, mesmo assim, se empenhou em fazer o meu lanche. Isso é o que realmente tem valor.

E ele completou:

– A vida é cheia de imperfeições e as pessoas não são perfeitas. Além disso, uma torrada queimada não faz mal a ninguém. E eu também não sou o melhor cozinheiro do mundo."

Quanta sabedoria em uma pequena história! Perceba que nesse caso um pequeno erro da esposa – plenamente justificável, por sinal – poderia ter gerado um conflito, mas a atitude compreensiva do seu esposo, que enxergou que ela fez tudo com a melhor intenção, fez com que tudo continuasse bem na família.

Entenda que essa história poderia ser diferente, caso o marido, que também havia trabalhado o dia todo, tivesse dito coisas como: "você não sabe fazer nem uma torrada", "como tem coragem de me servir assim", "aqui em casa ninguém faz nada que preste", "eu deveria ter comido em outro lugar". É claro que ele não estaria certo em agir assim, mas poderia ter se deixado levar pelo estresse do dia a dia, pela fome (quem nunca ficou estressado quando estava com fome?), pelo contexto em geral, e assim ter reagido mal à situação e colocado a perder a paz e a harmonia da família naquele momento.

E ainda, nesse caso, há um agravante: perceba que tinha alguém mais com olhos atentos às atitudes dos pais. O filho acompanhou de perto tudo o que aconteceu e ficou interessado em saber a verdade do pai.

O que quero dizer com isso é que, se você tem filhos, saiba que eles vão sempre observar suas atitudes, vão estar atentos aos detalhes, vão copiar sua posturas e atitudes, vão usar você e seu marido como modelos. É preciso ensiná-los, através das suas atitudes, que todos erramos, mas que podemos aprender com nossos erros e devemos ser tolerantes com os erros dos outros.

Em todos os relacionamentos, mas em especial no casamento, o que tenho aprendido através dos anos é que saber aceitar as falhas alheias, respeitando as diferenças entre uns e outros, é uma das chaves mais importantes para criar relacionamentos saudáveis e duradouros. E isso serve para qualquer tipo de relacionamento: entre marido e mulher, pais e filhos, irmãos e amigos e tantos outros mais.

Talvez agora você esteja pensando: "Ora, Andréa, se os problemas do meu relacionamento se resumissem a uma torrada queimada, seria fácil demais resolver". Mas a verdade é que a maioria dos problemas no relacionamento são pequenos, ou começam pequenos. Mas, por não os tratarmos de forma correta e imediata, acabamos fazendo com que eles se tornem grandes.

Normalmente, não resolvemos o problema de hoje, deixamos que ele se some ao problema de amanhã e, então, ambos se juntam aos problemas do dia seguinte, e assim por diante. Com o tempo, uma porção de pequenos problemas não resolvidos se tornam um problema imenso e de difícil solução.

Na Bíblia, o Livro de Mateus 6:34, diz: "Basta a cada dia o seu próprio mal". Ou seja, não leve mágoas para o dia de amanhã, não leve problemas para o dia seguinte, resolva hoje. É mais simples e muito mais saudável para o relacionamento.

Sabe, gosto muito de falar sobre minha mãe. Ela sempre foi uma esposa incrível. Houve muitos momentos entre ela e meu pai que também me marcaram e até hoje me ajudam a refletir sobre o meu casamento.

Meu pai não pensava muito bem antes de falar e, por vezes, em momentos de raiva, ele acabava dizendo coisas que magoavam minha mãe. Então, ele ia para o sofá e ficava lá emburrado.

Minha mãe, ao contrário dele, demorava a reagir a qualquer provocação. Quando o momento crítico passava e ela já tinha tido tempo de se acalmar e pensar sobre o que havia acontecido, ia até meu pai e se desculpava, mesmo que o erro não tivesse sido dela.

Uma dessas vezes, ouvi meu pai perguntar a ela: "Por que você sempre me pede desculpas, mesmo quando sou eu que estou errado?". E ela respondeu: "Porque ficar assim brigada com você atrapalha o meu relacionamento com Deus. E o meu relacionamento com Ele é ainda mais importante do que o nosso".

Eu nunca me esqueci daquela resposta e, ao longo do meu relacionamento com Fellipe, é isso que tenho procurado colocar em prática. Isso também mantém viva na minha mente aquela aliança com Deus que fiz no dia do meu casamento.

Eu sei que perdoar nem sempre é fácil. Também já fui o tipo de pessoa que pensava que a outra pessoa "deveria merecer" o meu perdão. Até que entendi que eu é que mereço viver uma vida plena e mais leve e por isso é importante que eu perdoe. Porque o perdão faz mais bem a quem perdoa do que a quem é perdoado. Então, decida perdoar, por você mesma.

Nesse processo de caminhar para um relacionamento de propósito, vocês vão errar e, quando isso acontecer, paciência. No processo de aprendizagem, sempre está incluído o erro.

Sem dúvida que os erros, desde que bem trabalhados, ajudam o casal a melhorar a relação. A construção da relação é feita a partir do aprendizado proporcionado pelos fracassos. Porém, uma vez resolvido um erro, é preciso deixá-lo para trás. Não dá para seguir adiante se você ficar preso, remoendo um erro do passado.

No relacionamento a dois, errar não diminui você, nem tira o valor do seu parceiro. Errar também não deve fazer com que você desista de tentar. É preciso continuar praticando e se esforçando, até dar certo. Entenda, você está em constante processo de aprendizagem e, por isso mesmo, não permita que um erro a defina. Você, seu parceiro e seu relacionamento são mais do que os eventuais erros que cometerem. Esforce-se mais, tenha boa vontade e os erros se tornarão lições preciosas. Só procure aprender bem e não cometer de novo os mesmos erros.

Agora, quero fazer um convite para que você possa trabalhar um ponto específico da sua relação e, assim, se sentir mais leve:

Pense em um erro do seu parceiro, que você tem carregado consigo, como uma mágoa, há algum tempo. Tente olhá-lo como quem busca uma intenção positiva no que aconteceu. Lembre-se de que o perdão fará muito bem a você e que, sem dúvida alguma, em muitas ocasiões você também precisará ser perdoada.

Tome a decisão de se ver livre dessa mágoa. Perdoe sinceramente o seu parceiro pelo ocorrido. Entenda que o perdão não quer dizer que você esqueceu que aquele fato existiu. Quer dizer que você não aceita mais que isso continue a fazer-lhe mal. O perdão é um compromisso com você mesma.

Tendo feito isso, procure criar em sua mente uma imagem de carinho e compreensão pelo seu parceiro. A partir daí, você estará bem mais leve e pronta para continuar caminhando em direção ao relacionamento ideal que você deseja.

O QUE DIZ O FELLIPE

Uma decisão que Andréa e eu tomamos há muito tempo, e que temos comprovado que foi acertada, é nunca dormir com mágoas não resolvidas, ou brigados. Não importa o que tenha acontecido, não levamos o problema para o dia seguinte.

Você já percebeu que quando demora para resolver algo, mesmo aquele problema pequeno vai tomando uma proporção enorme? Isso porque vamos juntando a ele mais outras pequenas coisas não resolvidas, dando-lhe raízes cada vez mais profundas e difíceis de serem arrancadas do nosso coração.

Costumo brincar dizendo que problemas não resolvidos costumam ganhar até comprovante de residência, de tanto que fazem morada dentro da gente. E, acredite, eles são péssimos inquilinos.

Conheço alguns homens que odeiam falar a respeito do que aconteceu, sobre coisas de que eles não gostaram, vão dormir assim e no outro dia agem como se nada tivesse acontecido. As mulheres, que em sua maioria têm necessidade de comentar a respeito do ocorrido para, assim, resolver o problema, ficam ainda mais indignadas com isso.

Atitudes como essas fazem com que lá na frente, dentro do relacionamento, esses problemas voltem à tona com força total. Isso porque não foram devidamente resolvidos, foram ignorados.

Para que o casal consiga seguir em frente depois de qualquer atrito, o primeiro passo é não fingir que ele não aconteceu. Reconheçam que houve um desentendimento e o resolvam ainda naquele dia, no momento e local mais propício para isso.

Aprenda a seguir em frente, mas faça isso de maneira leve, sem carregar consigo nenhum peso extra e desnecessário, sem se prender a nada que possa puxar o seu relacionamento para trás.

14 tenha um tempo diário, com qualidade, só para vocês dois

"Foi o tempo que dedicaste à tua rosa que a fez tão importante". Essa é uma das frases de que mais gosto do livro *O pequeno príncipe*, de Saint-Exupéry.

Sabe por que eu gosto tanto dessa frase? Porque ela nos lembra que é muito importante dedicarmos tempo para as coisas que são importantes na nossa vida. Já parou para pensar sobre isso? Quanto tempo você dedica a um relacionamento, aos seus filhos, a um projeto profissional? Mais especificamente: quanto tempo de qualidade você dedica ao seu relacionamento a dois?

Durante o namoro é comum demonstrarmos toda a nossa atenção ao nosso parceiro. Temos um tempo separado para dedicar um ao outro, existe uma conversa mais frequente e mais intensa, trocamos confidências, falamos olho no olho, nos desdobramos em atenção. Enfim, usamos tempo de qualidade para estar ao lado de quem amamos.

Mas o que é tempo de qualidade? Tempo de qualidade é quando você presenteia o outro com sua total atenção, quando está com ele por inteiro, nada compete com ele em termos da sua atenção, quando estão juntos.

Depois do casamento é comum as pessoas acharem que, porque moram juntas, estão dedicando tempo uma à outra. Mas isso não é bem verdade. O fato de duas pessoas morarem juntas nem sempre significa que estão disponíveis uma para a outra, que estão presentes no dia a dia uma da outra e muito menos quer dizer que estejam passando um tempo de qualidade entre elas.

Uma relação íntima, material e espiritualmente falando, exige investimento de tempo e dedicação. Somente esse tempo devidamente dedicado à atenção, ao afeto e ao diálogo, é capaz de preencher as necessidades que devem ser supridas entre os cônjuges.

Em uma pesquisa britânica, realizada em 25 países, chegou-se à conclusão de que tanto homens quanto mulheres têm apenas 36 minutos por dia de "tempo de qualidade" com a família. Dá para imaginar o quanto isso é crítico? Você tem ideia do que isso significa para um relacionamento a dois?

Além de não nos permitir cuidar devidamente da nossa relação de casal, essa realidade tira de nós uma parte importante da nossa vida porque, entre outras coisas, o tempo de qualidade serve para gerar boas memórias. E abrimos mão disso quando não separamos tempo para vivermos, de fato, nossos bons momentos.

Todos nós, com certeza, temos muitos afazeres. E nessa vida agitada em que vivemos é comum entrar na correria e não perceber o mundo incrível que tem à nossa volta. Sabe quando você está andando tão rápido de carro que não consegue olhar a paisagem bonita que tem lá fora? Muitos de nós estamos levando a vida dessa forma, passando por ela tão rápido que não desfrutamos as belezas ao nosso redor.

Afazeres sempre vão existir, problemas para resolver sempre estarão à nossa volta. Mas isso não deve ser desculpa para deixarmos de dedicar tempo às pessoas que nos importam.

No Livro de Lucas 10:41,42 há uma passagem bíblica que me lembra muito disso que estamos conversando. Você conhece a história de quando Jesus foi até a casa de Marta e Maria? Imagine treze pessoas chegando de surpresa em sua casa? Imagine ter que preparar refeição para todo mundo? Hoje é muito mais fácil, é só ligar para um restaurante que, rapidamente, tudo chega pronto na sua casa, mas naquela época não era assim. Não tinha telefone, não havia esses restaurantes, as casas não tinham geladeira e então o estoque de alimentos não era tão grande. Marta estava preocupada em como receber da melhor forma Jesus e seus discípulos. Maria, por sua vez, enquanto tentava ajudar Marta, acabou se deparando com Jesus conversando com seus discípulos e, não se aguentando, sentou-se aos seus pés, para ouvi-lo. Marta, irritada por Maria não a estar ajudando, pediu que Jesus falasse com ela. E eis aqui uma das falas de Jesus que acertam em cheio meu coração:

"Respondeu-lhe o Senhor: Marta, Marta, andas muito inquieta e te preocupas com muitas coisas; no entanto, uma só coisa é necessária; Maria escolheu a boa parte, que lhe não será tirada."

Quanto aprendizado eu tiro dessa história. Normalmente, quando Jesus dizia uma palavra duas vezes era porque Ele estava chamando atenção para algo. E é claro que Ele tinha razão em nos fazer prestar atenção a essa situação, não é?

Acredito que devemos ser um equilíbrio entre Marta e Maria. Afinal, se Marta não tivesse cuidado de tudo, o que as visitas iriam comer? Porém, precisamos ter o bom senso para saber o que podemos fazer, o que podemos delegar, o que é urgente e o que é importante.

Quando você está em casa, cuidando de todo aquele milhão de afazeres que só as mulheres dão conta, como cozinhar, colocar a roupa para lavar e dar aquela conferida no que as crianças estão fazendo, tudo ao mesmo tempo, e seu marido diz: "Amor, vem aqui, senta comigo e assiste isto aqui um pouquinho", eu sei que instintivamente você pode pensar: "Ele não está vendo que eu estou ocupada? Se quisesse que eu fosse até lá, poderia me ajudar primeiro".

O que esquecemos de pensar é que quando nosso cônjuge nos chama dessa forma, ele está nos "falando" que aquele momento é importante, que ele "precisa" da gente.

Agora me diga: quantas vezes nós mesmas reclamamos por não ter essa atenção, mas deixámos de dá-la? Falamos que pessoas são mais importantes do que coisas, mas deixamos as pessoas sozinhas para fazer coisas que nem sempre precisavam ser feitas naquele momento.

Se não está sobrando tempo para fazer o que é importante, delegue mais funções, se reorganize, escolha, como Maria, a boa parte.

Bem, de tudo o que estamos conversando neste capítulo, quero deixar em realce aqui alguns pontos que valem muito ter em mente sempre:

- É muito importante manter o seu casamento vivo e saudável. E isso começa com fazer pequenas coisas gentis, um para o outro. Por exemplo, dedicar um tempo exclusivamente para o seu marido.

- Você até pode passar pouco tempo com seu marido. Mas é importante que esse seja um tempo de qualidade. Quando estiver com ele, de verdade, desligue-se de todo o restante, desconecte-se do que tem à sua volta. Esteja realmente com ele.

- Não permita que o seu tempo ao lado do seu marido seja contaminado pelo caos da vida diária.

- Nada substitui a qualidade e o tempo dedicado de verdade ao seu cônjuge. Não há substitutos para isso.

- Não é preciso muito tempo para estar com seu marido, quando esse tempo é de qualidade. Mas, é óbvio, quanto mais tempo de qualidade, melhor.

- Para poder passar um tempo de qualidade com seu marido não precisa ser um processo complicado. Mas tem que ser algo proposital. Você e seu companheiro precisam programar "de propósito" estar esse tempo juntos.

- Hoje em dia, todos vivemos muito ocupados. Por isso, muitos casais dizem que não conseguem tempo para ficarem realmente juntos. Mas a questão não é de falta de tempo. É questão de prioridade. Se o seu casamento é importante para você, com certeza, você arranjará tempo de qualidade para estar com seu marido.

- Você precisa regularmente refazer sua conexão com o seu marido. E ele com você. Muitos casamentos sofrem e se desfazem exatamente porque os parceiros se esquecem desse detalhe. A distância que começa com uma pequena fissura entre o casal pode se transformar em um abismo, caso você e seu parceiro não parem de vez em quando para voltar a namorar, a se apaixonar um pelo outro, a resgatar o amor que uniu vocês.

- Pense: se a sua vida é tão agitada, nada melhor do que fazer da sua casa um santuário onde você possa estar feliz e em paz. E melhor ainda se você estiver ao lado do seu marido, desfrutando juntos de um tempo de qualidade.

Quero convidar você a pensar, agora, na sua agenda e em todas as funções que tem acumulado. Faça uma lista delas, colocando-as em ordem de prioridade. Lembre-se do que acabamos de falar e decida colocar seu relacionamento no topo dessa lista.

Se perceber que todas as coisas são importantes e você não dará conta de fazer tudo e ainda dedicar tempo de qualidade a seu parceiro, aprenda a delegar o que não depende exclusivamente de você. Pense na possiblidade de contratar alguém que a ajude e converse com seu parceiro sobre isso.

Entender isso, se organizar e achar um tempo para viver tranquila com seu companheiro é garantir que você sempre terá a companhia dele na sua caminhada.

Ter tempo de qualidade para o casal é fundamental. Pode ser a diferença entre um casamento feliz e uma vida a dois sem sentido.

O QUE DIZ O FELLIPE

A linguagem do amor principal da Andréa é tempo de qualidade. Hoje tenho consciência de que, ao longo dos nossos onze anos juntos, ela foi me dando sinais de que isso era importante para ela.

Muitas vezes, quando ela me pedia tempo e eu não levava aquilo a sério, Andréa me falava: "Será que posso marcar uma hora na sua agenda pra mim?". Em momentos como esses eu entendia que ela realmente estava clamando por minha atenção.

Um dia, ela me disse: "Precisamos conversar". Andréa sabe como me chamar atenção e me mostrar que quer falar a sério. Então ela me disse: "Eu tenho tantas coisas para ser grata a você", e enumerou muitas coisas, "mas eu trocaria cada uma delas por um pouco mais de atenção. Eu não estou feliz".

Aquelas últimas palavras entraram como uma faca em meu coração. Ela estava sendo sincera, estava se abrindo comigo, não estava me acusando, estava me mostrando uma necessidade real que ela tinha, que por muitas vezes tentou me falar, mas que não considerei.

Sabe, todos nós temos necessidades diferentes e, muitas vezes, por não precisarmos das mesmas coisas, esquecemos de dar ao outro o que ele precisa. E isso influi muito no relacionamento de casal.

Naquele dia, conversamos sobre o que poderíamos mudar nessa situação, como eu poderia agir de maneira que demonstrasse mais atenção a ela. E chegamos ao acordo que nós dois nos sentiríamos confortáveis em mantê-lo e que nos tornaria muito mais felizes e satisfeitos um com o outro.

Para mim, o mais importante é ver em cada momento de atenção que dou para Andréa o quanto ela se sente amada. Ser amado é maravilhoso, mas comunicar amor de forma eficiente é enriquecedor.

Algo prático, que fazemos logo no início do dia, é darmos um ao outro um abraço de quarenta segundos (lemos isso uma vez, em algum lugar que não lembramos mais, mas passamos a colocar em prática). Juro que no início eu fiquei contando os segundos e parecia uma eternidade – não que o abraço não fosse bom, mas é que a minha ansiedade era muito grande. Agora, eu já acho que os quarenta segundos passam rápido demais. Juro também que aquele abraço parecia muito convidativo para seguirmos adiante com outras coisas... Mas, na verdade, aquele abraço diário, logo pela manhã, é a nossa forma de dizermos um ao outro: "Tudo pode esperar", "Você é importante", "Estamos juntos, conectados", "Eu estou aqui para você".

Fica minha sugestão para que, quem sabe, você e seu cônjuge também adotem fazer o mesmo.

15 comemorem juntos cada pequena vitória

Entre as coisas mais bonitas que existem na vida de um casal estão aqueles momentos especiais, que se transformarão em lembranças maravilhosas. Mas, se vocês não comemorarem as suas conquistas, elas passarão em branco e não deixarão algo que possa ser lembrado. Por isso, cada pequena vitória merece e precisa ser comemorada.

O relacionamento a dois se fortalece na batalha pela vitória e também se solidifica no aprendizado com as derrotas, mas se consolida na comemoração de cada pequena conquista feita juntos.

Na verdade, não são as grandes vitórias que mostram todo o crescimento da relação. Elas apenas mostram o ponto de chegada que o casal esteve buscando. São as pequenas conquistas que apontam a direção, evidenciam o progresso e dão a certeza de que os dois continuam no caminho certo.

A melhor maneira de celebrar algo em um casamento é quando ambos têm o que comemorar, quando o resultado alcançado era aquele buscado por marido e mulher. Celebrar a dois aproxima e não permite que as diferenças do casal sejam motivos para se dividirem. A determinação de celebrar juntos gera aceitação do outro, reconhecimento de sua capacidade e admiração de um companheiro pelo outro.

Porém, você já parou para pensar como muitas vezes gastamos energia brigando por coisas pequenas, mas não gastamos a mesma energia para comemorar nossas pequenas vitórias? Esse é um erro muito comum na vida de casal.

Muitas vezes as pessoas dizem não terem motivos para comemorar. Mas basta olharem com cuidado e com sinceridade de coração que verão que o casamento por si só já é um motivo de celebração constante. Ele é vida, é possibilidade, é crescimento. É uma escada evolutiva que nos leva cada vez mais próximos da nossa busca por realização. Ao subir degrau por degrau, tomamos consciência de que podemos dar mais um passo, e logo enxergar que podemos dar mais um. Assim, entendemos que podemos crescer, melhorar, evoluir em cada área da nossa vida, inclusive o nosso relacionamento.

Um casal que trabalha e progride junto avança com segurança e entusiasmo e cada degrau conquistado a dois é um tijolo a mais assentado para fortalecer as bases do relacionamento do casal. Por isso merece ser comemorado.

Quando ganhamos uma pequena promoção, ou reconhecimento no trabalho, por exemplo, devemos, sim, comemorar. No nosso dia a dia estamos cheios de pequenas conquistas, como conseguir terminar o dia tendo feito tudo que nos propusemos a fazer, deixar as coisas em ordem em casa, ter um tempo maior livre, poder comer aquela nossa comida preferida com calma, conseguir fazer sobrar um pouco mais de dinheiro para as tão sonhadas férias, perder aquele quilinho a mais que estava nos incomodando, voltar a vestir aquela calça que não nos servia. Entre essas e tantas outras coisas, percebemos que temos uma infinidade de motivos para celebrar. E fazer essa comemoração com aquela pessoa especial que amamos aumenta o nosso vínculo, o compromisso com o sucesso um do outro, a intimidade, o sentimento de participação na vida do seu cônjuge, a parceria.

É claro que para tornar ainda mais forte essa parceria com seu companheiro e poder comemorar ainda mais é interessante antes vocês sonharem juntos, planejarem e trabalharem lado a lado – direta ou indiretamente – para atingirem aquela conquista. Então, a vitória será merecida por ambos e a comemoração será ainda mais bem-vinda.

Reconhecer o progresso um do outro faz o relacionamento mais confiante e torna os parceiros mais realizados. E a união do casal se beneficia muito disso.

A romancista norte-americana Colleen Hoover conta, em um dos seus livros, uma história em que uma família tinha, todas as noites, um momento que chamavam de "chato-e-legal". Era o momento para compartilharem uns com os outros qual tinha sido a pior e melhor coisa do seu dia. É normal falarmos das piores coisas que nos aconteceram e reclamar disso, mas com frequência nos esquecemos de falar das coisas boas que vivemos naquele dia. Só que são as melhores coisas do nosso dia que têm a energia para compensar, balancear e até superar o que vivemos de ruim. Elas melhoram o ambiente, o nosso humor, trazem uma recordação gostosa de ser vivenciada novamente.

Achei essa ideia sensacional. As crianças, na história, amavam esse momento. Era quase como uma brincadeira, mas que criava uma intimidade incrível entre a família. No fim, todos sabiam que cada um havia tido seus próprios desafios durante o dia, mas também comemoravam juntos suas pequenas vitórias.

A partir do que já falamos, é possível compreender que comemorar não tem necessariamente a ver com gastos e festas. Você pode encontrar sua forma de celebrar sem ter custo financeiro algum, seja em casa, seja com uma conversa, seja fazendo um momento de compartilhar o "chato-e-legal" do dia, seja simplesmente reconhecendo e sendo grato pelo que aconteceu, seja com um abraço, ou com uma dancinha divertida só de vocês.

O importante mesmo é valorizar as vitórias, por menores que sejam. Elas são sempre grandes o suficiente para encher o seu coração de alegria e a sua vida de esperança de novas conquistas, a partir do seu empenho e do seu trabalho. O que importa é não deixar que as pequenas vitórias se tornem insignificantes no seu dia a dia. Permita-se orgulhar-se do processo de viver e realizar e se alegre com ele.

Agora, quero fazer-lhe um desafio: ao longo da sua semana, liste os motivos que você tem para ser grata e para comemorar. Anote em uma agenda, um diário, ou até mesmo no bloco de notas do seu celular, se achar mais fácil. Separe um momento por dia em que você possa falar com seu marido sobre cada tópico que listou. Comemore com ele essas pequenas conquistas. E, é claro, aos poucos, ajude e incentive o seu companheiro a também fazer a lista dele, para que vocês possam comemorar juntos.

Assim, você e seu cônjuge entenderão, cada vez mais, o que é importante no relacionamento e também individualmente para cada um dos dois. Ficará claro o que vocês estão buscando e o progresso que estão fazendo e vivendo. E poderão ter, cada vez mais, a alegria de comemorarem juntos cada conquista individual e do casal.

Cada conquista individual é sempre um marco na vida pessoal. E cada conquista feita em casal é uma bênção a mais que Deus concedeu ao seu relacionamento.

Quanto mais você e seu companheiro forem gratos e celebrarem juntos em sua vida a dois, mais motivos surgirão para celebrarem. A energia da gratidão e da celebração se multiplica e abre novos horizontes.

O QUE DIZ O FELLIPE

Lembro-me de quando Andréa me mostrou como se deve comemorar as pequenas coisas. Lembro-me de acordar para ir à aula e, ao abrir a porta do apartamento para sair, encontrar escrito, com pétalas de rosas: "Lipe, eu te amo".

Tínhamos só um mês de namoro naquele dia e até aquele momento eu não tinha nem pensado muito nisso. Mas aquele carinho que recebi da Andréa foi tão importante para mim que decidi começar a surpreendê-la também.

Daquele dia em diante, todos os meses lembramos um ao outro desse dia. Seja com uma mensagem, uma carta, flores, jantares. E a cada conquista que fazemos, seja no nosso relacionamento, seja nos negócios, aprendemos a reconhecer o que acabou de acontecer e a nos alegrar juntos por isso.

Comemorar não é só dar presentes, ou ter que sair para jantar fora, ou coisa parecida. Comemorar é compartilhar com o outro nossas conquistas e nos alegrarmos juntos. São pequenos gestos que dizem claramente que o outro é tão importante em nossa vida que queremos dividir com ele cada um dos nossos momentos e conquistas, mesmo as mais pequenas.

Fazer de cada passo que damos lado a lado um motivo de alegria e de cada conquista a certeza de que juntos vamos muito mais longe é o princípio básico para construir, a partir das pequenas coisas, um relacionamento grandioso.

16 use sempre palavras de afirmação e estímulo ao tratar com seu companheiro

Você se lembra de algum elogio que recebeu e mudou definitivamente seu dia? Ou quem sabe que tenha mesmo mudado a sua vida? Sim, esse é o poder das palavras de afirmação, das mensagens positivas e construtivas que podem chegar ao seu ouvido, à sua mente e, principalmente, ao seu coração.

Pode ser que essas palavras tenham sido faladas pessoalmente, pode ser que tenham vindo por meio de um áudio ou de uma mensagem de texto. Elas o impactaram positivamente e durante o dia você se viu ouvindo-as ou lendo-as novamente, porque aquilo lhe fez muito bem.

As palavras são, sem dúvida, a força mais poderosa que pode haver em um casamento. Por isso, meu conselho neste tópico é para que você as use de maneira construtiva, para encorajar e motivar seu parceiro. Assim, seu relacionamento estará protegido.

Quero dizer a você que para este capítulo eu apresento mais algumas ideias que aprendi no livro *As cinco linguagens do amor*, de Gary Chapman, que, como eu já disse, foi uma leitura que realmente melhorou em muito a minha maneira de lidar com o meu casamento. Eu não poderia jamais deixar de compartilhar isso com você.

Não há como negar: todos nós precisamos de palavras de afirmação. Todos precisamos de um sinal claro de apreço pelo que somos e o que fazemos. E recebê-lo nos torna mais confiantes.

Então, por que é tão difícil para as pessoas fazerem um elogio sincero para seu parceiro? Onde está a dificuldade? O fato é que muita gente confunde "tornar alguém confiante" com tornar alguém convencido. Já ouvi muitas mulheres dizendo: "Não elogio meu marido, senão ele vai ficar se achando demais". Caramba! Que coisa, né?

Sabe, eu prefiro que o Fellipe de fato "se ache". Eu brinco com ele dizendo que "ele não se acha, ele se tem certeza". É melhor que ele receba de mim, em primeiro lugar, o elogio que merece. A pessoa que não é elogiada em casa não se sente reconhecida e nem notada e se frustra. E acaba indo buscar reconhecimento em outro lugar, com outras pessoas, o que não é muito bom para o relacionamento do casal. É muito diferente quando a pessoa recebe fora de casa um elogio que a esposa já faz para ele – e que só reforça o seu bem-estar – do que quando o único elogio que ela recebe vem de pessoas de fora.

Elogios não devem ser forçados e nem falsos. Ao elogiar seu marido, você precisa nutrir uma admiração legítima por ele e deve fazer o elogio por algo em que ele realmente é bom – senão o efeito pode ser exatamente o contrário do esperado.

Talvez, enquanto você não tiver o hábito de fazer elogios e começar, de repente, a fazê-los, isso soe estranho para seu marido. Talvez, você acabe ouvindo, logo depois de elogiar seu cônjuge, algo como por exemplo "o que você está querendo?". Essa desconfiança vem de vivências dele, que provavelmente aprendeu em algum momento da vida que para conseguir algo é preciso "bajular" o outro. Mas não é o caso de você desistir dos elogios. É só ter paciência e continuar no seu propósito de dirigir palavras de afirmação para o seu marido.

Substitua palavras negativas por positivas, ao falar com seu parceiro, e o seu casamento estará mais próximo de ser feliz. À medida que os seus elogios se tornarem frequentes, seu companheiro deixará de sentir estranheza ao recebê-los, ou de pensar que, por trás deles, há sempre uma segunda intenção.

Seus elogios não precisam ser forçados, nem muito elaborados. Só precisam ser legítimos e sinceros. Você pode incluí-los em ocasiões especiais, em que seu companheiro tenha feito alguma conquista de meta ou de sonho dele ou do casal, mas também pode usar os elogios em situações comuns do dia a dia, como, por exemplo:

- Só você consegue acordar bonito assim.
- Essa roupa cai muito bem em você.
- Essa cor ressalta seus olhos.
- Não gosto de me despedir de você, mas amo que você tenha que me beijar antes de sair.
- Você está cheiroso.
- Você é muito bom no que faz.
- Obrigada por vir me buscar. Amo perceber seu cuidado comigo.
- Fico encantada com sua responsabilidade. Vi que já pagou todas as contas. Me sinto segura ao seu lado.
- Obrigada por me ajudar. Sei que trabalhou muito hoje e ainda assim está fazendo isso.
- Fico muito feliz que chegou cedo em casa. Estava com saudades.

Como essas, existem várias afirmações que você pode fazer no seu dia a dia. São declarações simples e diretas, mas que são poderosos comunicadores de amor.

Decida ter uma atitude positiva todos os dias. Busque melhorar a sua postura e as suas atitudes junto ao seu marido e repare no quanto isso vai ajudar na sua relação de casal.

Eu e Fellipe viajamos muito a trabalho para dar treinamentos e raramente estamos no mesmo evento. Isso sempre faz com que, nos meus seminários, as mulheres me perguntem se não tenho ciúmes, ou como lido com ele. Com toda sinceridade, somos muito bem resolvidos quanto a isso. Sabe por quê? Porque entendemos uma coisa: eu não tenho controle sobre o que uma mulher pode dizer a ele, nem ele tem controle sobre o que um homem pode dizer para mim. Mas temos total controle sobre sermos os primeiros a derramar um sobre o outro palavras de afirmação, de tal forma que não importa o que outra pessoa vá dizer, nós já sabemos e não estamos carentes daquele elogio.

Ajude seu parceiro a ter uma autoimagem positiva e forte e isso vai fortalecer o seu relacionamento de casal.

Como colocamos isso em prática? No dia a dia, sempre elogiamos um ao outro, em toda e qualquer oportunidade. Quando Fellipe vai viajar, além das demonstrações de amor em elogios, tenho prazer em arrumar sua mala, quero que ele esteja o mais elegante possível nos seus eventos. Entendo que a forma como ele se apresenta também demonstra que tem alguém que cuide dele.

Sempre penso que, se uma mulher vê um homem malcuidado, ela vai pensar que tem mais chances de mudar a vida dele, que ele está precisando de alguém que cuide dele. Nesse caso, não dou essa abertura.

Sempre peço que depois de pronto para trabalhar nos eventos, ele me mande uma foto para que eu veja como ele está. E não me demoro em dizer: "fico impressionada no quanto os anos só têm te feito bem. Você está maravilhoso.". E não perco a oportunidade de brincar, quando ele posta nas redes sociais uma foto com a legenda "Indo para o evento". Escrevo nos comentários: "Ôh lá em casa!". Ele se diverte e nossa paquera está garantida.

Antes de ele começar o evento, se não conseguirmos falar pelo telefone, sempre gravo um áudio ou mensagem dizendo: "Privilegiadas são as pessoas que vão te ouvir hoje, porque eu sei o quanto as suas palavras têm o poder de mudar a vida de alguém, porque elas vêm mudando a minha. Você é um ótimo professor, então é certeza que todos que estão aí vão aprender muito com você. Tenho muito orgulho do homem, servo de Deus, marido e profissional que você é. Daqui, só estou agradecendo por ter aprendido tudo que sei com o melhor professor e mentor. Que Deus possa usá-lo muito no dia de hoje. Amo você! Vai lá e arrasa como só você sabe fazer! Você é o melhor do mundo".

Dito isso, tenho certeza de que não precisa ter alguém para ir buscá-lo para o evento... Ele vai voando!

Não importa o que vão dizer a ele quando descer do palco, porque se disserem que ele é lindo: ele já sabe. Se disserem que ele é bom no que faz: ele já sabe. Se disserem que as palavras dele mudaram sua vida: ele já sabe. Se disserem que ele é o melhor: ele já sabe.

O problema que mais vejo entre casais são as mulheres só falando que o marido está barrigudo e que não casou com alguém assim, que é para ele tomar cuidado com as entradas na cabeça, porque não gosta de homem careca, para ele mudar as piadas porque ninguém mais ri, entre outras coisas. E quando o marido encontra no trabalho alguém que diga que ele está melhor assim, que homens carecas são charmosos, que ele é muito eficiente no que faz e que quer aprender com ele... Bem, ele encontra a afirmação que desejava, mas em alguém que não deveria.

Lembre-se sempre: comece com as suas atitudes a mudança que você quer ver acontecer no seu casamento. E depois seu cônjuge aprenderá com você a fazer o mesmo.

O Fellipe hoje manda as mesmas mensagens para mim. E quando elas chegam, eu sei perfeitamente o que ele está fazendo. Está garantindo que meu amor e minha confiança estejam transbordando de tal forma que nada mais consiga entrar no meu coração, porque ele já está cheio.

Então, pense comigo, o que aconteceria com o clima emocional de seu casamento se você e seu companheiro se habituassem a dizer e a ouvir tais palavras de afirmação com regularidade?

Entenda que não estou falando aqui apenas para as pessoas que estão com problemas no relacionamento e querem consertar isso. Tenho absoluta certeza de que até mesmo os melhores relacionamentos podem se beneficiar ainda mais com essas atitudes para plantar palavras de afirmação no coração de cada um dos parceiros no casamento.

Meu convite agora é para que você passe os próximos 21 dias usando palavras de afirmação e elogios para encher o coração do seu cônjuge de segurança, confiança e amor. Não se intimide se ele não fizer o mesmo, de imediato, para você. Pode ser que ele esteja testando para saber o que você está querendo com essa atitude. Por isso, continue, siga em frente. Deixe-o entender que você só está falando daquilo que está cheio o seu coração e que você tem muitos motivos para continuar a amá-lo e admirá-lo.

Os 21 dias são só um referencial, para você ter certeza de que essa sua atitude se tornará um hábito. A cada dia nessa prática você conseguirá ser mais natural nas suas afirmações.

Lembre-se sempre de que um homem que se sente respeitado e valorizado pela esposa, terá mais facilidade em amá-la.

Você está caminhando para a melhor fase do seu relacionamento. Mais maduro e com o mesmo cortejo do início.

O QUE DIZ O FELLIPE

Muito tempo atrás, em um dia na igreja, quando eu ainda não tinha nada do que tenho hoje, era só um jovem vestibulando, Andréa me disse: "As pessoas ainda vão te chamar pelo teu nome, elas saberão quem você é! Grandes coisas serão feitas através de você". E depois, desde as nossas primeiras cartas, ela sempre repetiu palavras como essas para mim.

Mesmo em dias em que eu duvidei, mesmo quando não sabia como fazer as coisas darem certo na nossa vida e mesmo ela conhecendo toda a realidade e as minhas limitações, Andréa continuava a regar minha confiança com suas palavras de afirmação.

Eu aprendi a fazer o mesmo por ela. E desde então, não há nada que nos proponhamos a fazer que o outro fale "Será que você vai dar conta?". Nunca duvidamos um do outro. Deixamos a dúvida para quem está do lado de fora. Apenas entregamos um ao outro, através das nossas palavras, toda a certeza que porventura lhe faltar.

Agora pense um pouco: qual tipo de sentimento suas palavras têm semeado na vida do seu cônjuge: confiança ou insegurança? Quando seu cônjuge precisa se afirmar, a quem ele recorre?

O Livro de Provérbios 18:20,21 diz: "Do fruto da boca enche-se o estômago do homem; o produto dos lábios o satisfaz. A língua tem o poder sobre a vida e sobre a morte; os que gostam de usá-la comerão do seu fruto".

O fruto que você plantar com suas palavras, será o fruto que irá alimentá-lo, seja para que tenha vida ou morte. E assim também é com o seu casamento: as palavras que você usar com o seu parceiro e no seu relacionamento definirão a qualidade e o destino da sua felicidade a dois.

Decida com sabedoria qual será o seu plantio.

17 invista tempo e energia em intimidade e cumplicidade com seu companheiro

Um dos melhores presentes que minha mãe já me deu foi um livro chamado *Emoções: desperte paixão e desejo no homem que você ama*. Existe também uma versão para homens: *Desejo: transforme a mulher da sua vida na amante que você sempre quis*. Os dois livros são da escritora norte-americana Ellen Kreidmam, especialista em casamentos e relacionamentos.

Quando recebi o livro, confesso que me choquei com a capa. Acho engraçado como, mesmo depois do casamento, muitas vezes o sexo permanece como um assunto quase que censurado para muita gente. Inclusive, por algum tempo, também foi para mim. Mas eu entendi que não devemos ter vergonha de falar, principalmente com o nosso cônjuge, sobre algo que Deus não teve vergonha de criar. Você já pensou sobre isso?

De muitas formas, esse livro me ajudou nessa área da minha vida. Por isso, não poderia jamais perder a oportunidade de indicá-lo a você – acredito que até terminar esta leitura você já terá bons livros na sua listinha, para começar a ler e dar continuidade ao seu empenho em ter um casamento feliz e cheio de propósito.

Ter desejo sexual pelo seu cônjuge, encontrar prazer na relação e desfrutar disso é um dos pré-requisitos para um bom casamento. Repare: as formas de nossos corpos, as regiões erógenas, o fato de que nos reproduzimos por meio dessa relação, tudo isso aponta para a vontade de Deus de que homem e mulher se relacionem sexualmente. Então, aproveite! Nada há de errado em ter prazer no sexo.

Por outro lado, também já ouvi muitas brincadeiras sobre "o sexo não ser mais tão bom" depois de muitos anos de relacionamento. Mas isso não tem que ser assim porque com o tempo você conhece melhor o seu parceiro, sabe como pode garantir que ele sinta prazer, da mesma forma que ele sabe como provocar o mesmo em você. É como se vocês conhecessem já a dança de cor e então podem tentar passos novos, porque já estão seguros do básico.

Conversar com o outro sobre o que ele mais gosta, e sobre o que não gosta, também não deve ser um constrangimento, porque é a garantia de um bom relacionamento íntimo. É saber que as suas ações serão bem valorizadas porque foram usadas corretamente. Precisamos ter claro que quando nos casamos é muito importante deixar de pensar apenas no que nós queremos e nos ocuparmos também com o que o outro quer.

É bom lembrar também que o homem e a mulher têm motivações sexuais diferentes. A mulher, normalmente, é motivada pelo que ela ouve. A sedução, para a mulher, está principalmente em receber elogios. Sinta o poder que há nestas palavras:

"Seus lábios são como um fio vermelho; sua boca é belíssima. Você é toda linda, minha querida; em você não há defeito algum. Você fez disparar o meu coração; fez disparar o meu coração com um simples olhar. Quão deliciosas são as suas carícias! Os seus lábios gotejam a doçura dos favos de mel".

Esse trecho parece ter sido retirado de um livro de romance, mas faz parte do Livro de Cânticos, da Bíblia, capítulo 4.

Já o homem é normalmente motivado pelo que vê. Se ele vê a esposa limpinha, arrumada, com uma linda roupa de dormir, convidativa, cheirosa, ele com certeza vai querer algo.

Tenho algumas amigas que falam: "Homem não precisa de motivação nenhuma. É só se encostar nele que já 'acende'". Não se engane, nem todos são assim. E a mulher definitivamente não funciona dessa forma. Então, existe sim a necessidade de que ambos os parceiros pratiquem um jogo de sedução, respeitando o modo de ser de cada um dos dois, se pretendem ter um relacionamento íntimo especial.

Em minha casa, eu e Fellipe temos um lema que deixa todo mundo feliz no fim do dia: "Deposite para sacar". O que quer dizer isso? Que se queremos garantir uma boa noite de prazer é preciso começar a depositar ações, elogios e cuidados durante o dia, para poder ter o que "sacar" à noite. Entenda, nesse tipo de "banco" não existe cheque especial, nem pré-datado. Então, ou você aprende a depositar antes, ou nunca vai conseguir sacar da forma como quer. E tem que começar a depositar logo pela manhã, porque depois das 16 horas é provável que a compensação fique somente para o dia seguinte. E nem pense que transferências aqui caem na hora, porque homens e mulheres "trabalham com bancos diferentes".

Dito isso, fica simples compreender como muitas vezes, quando o casal não entende esses pontos básicos e o homem passou o dia todo "sem depositar nada" e à noite quer sacar, a mulher acaba se sentindo usada. É preciso olhar com atenção o que motiva cada um, marido e mulher, e o que os satisfaz. Então, cada parceiro deve se dispor a dar ao outro aquilo que importa para ele.

Brincadeiras à parte, isso é algo bem sério e algumas atitudes desse tipo, se colocadas em prática, dão muito certo.

Agora, pense um pouco sobre isto: como anda sua intimidade sexual? Como está a frequência da sua intimidade com seu marido? Você sente que está bom do jeito que está, ou sente que falta algo mais?

Quero deixar claro uma coisa: se você acredita que ter relação sexual com seu cônjuge só duas vezes por mês está ótimo, está muito enganada. A própria Bíblia fala sobre a importância do relacionamento íntimo para o casal e como não devem se privar dele por muito tempo – fazendo isso só por motivos muito claros e justificáveis e, ainda assim, por tempo determinado e se os dois concordarem.

O Livro Bíblico 1 de Coríntios 7:5 diz: "Não vos priveis um ao outro, senão por consentimento mútuo por algum tempo, para vos aplicardes ao jejum e à oração; e depois ajuntai-vos outra vez, para que Satanás não vos tente pela vossa incontinência."

A ausência da intimidade no casal abre brechas para as tentações. Essa não é uma área para você brincar de não atender às necessidades do outro, ou de fazer birras e greves de relação sexual, porque essa privação coloca em risco seu relacionamento e você pode acabar se privando sozinha.

O sexo é um forte indicativo de como anda a qualidade de vida do casal. Isso porque ele aumenta a intimidade entre os dois, reflete a satisfação ou insatisfação com a relação, de maneira geral, gera conexão, afeto, carinho, paixão, cumplicidade.

A falta do desejo sexual ou o sexo ruim, mecânico, sem carinho, por sua vez, pode significar que as coisas não estão indo bem, não só entre quatro paredes, mas também em outros aspectos.

Essa é uma área bem delicada em que deve haver investimento forte e constante do casal – assim como em outras áreas que também são importantes para a relação. Se a intimidade no seu casamento não está da forma que você gostaria, pense em como pode melhorá-la. O que depende de você para que isso aconteça? O que você vai fazer a esse respeito?

Você quer ser surpreendida? Que tal surpreender seu marido primeiro? Arrume-se melhor, combine com alguém para cuidar das crianças em alguma noite, para que você e seu marido tenham mais privacidade, crie um ambiente propício para a intimidade. Seja clara no que você espera ter com ele naquele dia. Não permita que o seu relacionamento caia na rotina.

Pense em pelo menos três coisas que você pode fazer, desde já, que só dependem de você, para melhorar essa área da sua vida. E coloque em prática.

Lembre-se: você e seu marido podem e merecem viver um relacionamento em plenitude, e isso inclui também que se sintam realizados sexualmente. Então, por que esperar mais? Vá à luta pelo prazer que você deseja ter no seu casamento.

O QUE DIZ O FELLIPE

A intimidade sexual é um dos presentes do casamento. Acredito que com o tempo juntos e com a prática, os dois vão conhecendo melhor o que deixa o outro realizado nessa área.

Também acredito que a intimidade deve vir acompanhada da liberdade de falar o que não está agradando durante o ato sexual e até o que pode estar provocando a falta de vontade de fazê-lo.

Você pode até me falar que já tentou conversar sobre isso, mas que o tiro saiu pela culatra e sua mulher o deixou de castigo por muitos dias.

Entenda, a liberdade de falar não quer dizer que você possa dizer de qualquer maneira. A forma como você fala não pode soar para sua esposa como críticas, mas, sim, como sugestões. Por exemplo: se você quer que ela use mais lingerie, você pode comprar uma para ela e deixar com um bilhete "acho que você ficaria ainda mais linda vestida assim". Ou, se não quiser comprar, pode passar em frente a uma loja de roupa íntima com ela e dizer, como quem não quer nada: "se estivesse usando isso, essa roupa não ficaria em você por muito tempo". Frases como essas podem ser sugestões poderosas que vão conduzir, com prazer, sua parceira ao seu propósito.

Se você ama quando ela está cheirosa, fale isso de maneira que fique gravado na mente dela e que ela condicione estar cheirosa a algo que te agrada Por exemplo, abrace-a e diga "Eu fico louco quando você está cheirosa assim. Amei esse cheiro."

Valide mais as ações positivas de sua esposa, de tal maneira que fique claro a ela que essas ações devem ser mantidas e, com certeza, surgirão ainda muitas outras melhoras significativas. Lembre-se também de dar a ela essa mesma liberdade e fique atento para quando ela fizer o mesmo.

Lembre-se, na dança é o homem quem deve conduzir. Então, se vocês não estiverem dançando conforme a música que você quer nessa área, aprenda a direcionar melhor os seus próprios passos que sua esposa o acompanhará.

18 crie uma blindagem contra as tentações

A tentação é um impulso para praticar alguma coisa que pareça atraente, mas não é recomendável. É quando você se sente atraída para alguma coisa errada.

No casamento, ceder às tentações do mundo geralmente leva a problemas no relacionamento, ao enfraquecimento da parceria do casal e, em casos extremos, até mesmo ao divórcio.

Se você às vezes tem vontade de fazer algo errado, isso não significa que você seja uma má pessoa. Afinal, a Bíblia mesmo diz que todos nós somos tentados de vez em quando. Veja o que diz o Livro 1 de Coríntios, 10:13: "Não sobreveio a vocês nenhuma tentação a não ser as que são comuns aos homens".

O que realmente importa é o que você faz quando enfrenta uma tentação.

É preciso vencer as tentações, não ceder a elas. Por isso, precisamos construir uma blindagem, como proteção para nós mesmos, para nosso parceiro e para a nossa relação. A blindagem não impede que sejamos tentados, mas nos ajuda a não ceder às tentações.

Acredito que grandes traumas e crenças limitantes em relação ao casamento têm muito a ver com a forma como as pessoas lidam com as tentações. Explicam porque algumas se livram delas com relativa facilidade, enquanto outras pessoas simplesmente cedem à primeira tentação que se apresenta.

Por isso, para que você aproveite melhor o que vamos conversar neste capítulo, sugiro que você abra o seu coração, não para mim, mas para seu relacionamento, para o sucesso dele.

Eu sei que existem atitudes e comportamentos que podem ter ferido muito você quando o assunto é a relação a dois. Mas o intuito desta nossa conversa não é voltar lá atrás, onde tudo aconteceu, simplesmente porque não temos controle sobre isso e nada podemos fazer quanto ao que já passou. Nosso propósito aqui é aprender a evitar que aquelas coisas desagradáveis que afetaram a sua vida continuem acontecendo e fazendo você sofrer eternamente.

Então, vamos lá. Vamos pensar juntas e traçar um novo caminho para que o seu relacionamento seja cada vez mais feliz.

Desde que o mundo é mundo existem problemas que envolvem o assédio, a traição e o ciúme. Mas uma das principais crenças que muita gente carrega é de associar esses comportamentos, por exemplo, ao dinheiro e à fama. Segundo esse pensamento, ser rico ou famoso é que traz problemas como esses.

As perguntas que eu quero que você responda, dentro dessa suposição, são: Você conhece algum caso de alguém que não seja rico, mas mesmo assim traiu seu parceiro? Conhece algum caso de alguém que não seja famoso, mas que traiu?

O que eu quero com este raciocínio é que você entenda, de uma vez por todas, que não são os fatores externos, como dinheiro e fama, que definem como agimos no nosso relacionamento. O que define isso é o nosso caráter. O dinheiro, a fama e o poder só servem para potencializar aquilo que já somos. Por exemplo, se você já tem um coração caridoso, ter dinheiro fará com que você possa ajudar ainda mais pessoas.

Então, não se limite de modo a não poder ter uma vida financeiramente plena, por ter medo de se corromper.

Quem sabe agora você esteja querendo me perguntar: "Mas, Andréa, você não acha que a fama, o dinheiro e o poder podem atrair ainda mais assédio?" Não é assim que acontece. Você passa sim a chamar mais atenção sobre si, mas isso não quer dizer necessariamente que vai ser mais assediada. Não acredito que a privação de fama, dinheiro e poder seja a solução para evitar o assédio e a tentação. Nós é que precisamos aprender a lidar com qualquer situação que possa surgir em nossa vida. É a nossa postura que vai definir como as pessoas nos veem e nos respeitam.

Na verdade, o que gera mais assédio, e tentações, por consequência, é a abertura que damos para sermos assediadas. Lógico que existem exceções, como pessoas que não têm bom senso e que podem "se oferecer" sem nenhum tipo de abertura de nossa parte. Mas essas são as mais fáceis de ignorar.

Agora, existem muitas outras posturas a que você deve estar atenta, para evitar dar aos outros o entendimento de que você está aberta a uma aventura e, dessa forma, permitir-se ser assediada. Analise comigo:

- Se você está em um relacionamento, se posicione nas redes sociais como tal. Por exemplo, na sua descrição marque seu cônjuge, nas suas fotos procure, vez ou outra, postar fotos em que estejam juntos e deixando claro quem é aquela pessoa na sua vida.

- Os elogios que você não gostaria que seu cônjuge recebesse nas redes sociais dele, se receber nas suas, apague. A pessoa que os fez irá perceber e não fará novamente. Se ela insistir em ser desagradável, elimine-a de seu grupo de amigos.

- Cuidado com fotos provocadoras, ou que tenham o intuito de gerar desejo nos outros. Elas são um convite para o assédio.

- Evite conversas sem propósito, ou dar muita liberdade a outro homem ou mulher nas suas redes sociais, ou no trabalho, ou seja onde estiver. Use sempre a premissa: se meu cônjuge estivesse aqui, eu estaria agindo dessa forma? Se fosse ele a estar tendo esta conversa, eu ficaria confortável?

- Cuidado com o tipo de abraços e beijos que você troca com as pessoas. O toque é um poderoso comunicador de afeição, desejo e amor. Então, qualquer toque precisa vir carregado de muito respeito.

- Evite ficar sozinha com outro homem, principalmente em locais pouco recomendáveis. Pode parecer uma postura um tanto radical, mas você tem que preservar sempre o respeito ao seu marido e evitar qualquer tipo de atitude que vá contra a sua relação de casal.

- Cuidado com a troca de telefones com outras pessoas. Preste muita atenção para perceber claramente qual é o verdadeiro intuito disso.

Como essas, existem várias outras atitudes que, você sabe bem, podem colocá-la em uma situação de risco. Então, evite-as.

E lá vem você com: "Andréa, mas às vezes eu faço algumas dessas coisas, mas sem ter a intenção de me expor". Pare e pense: será mesmo que é sem intenção?

Tem uma passagem na Bíblia, No Livro 1 dos Tessalonicenses 5:22, que diz: "Abstende-vos de toda a aparência do mal". E o que é fugir da aparência do mal? É fugir de tudo que pode ser interpretado de maneira indesejada e inapropriada para outras pessoas. Ou seja, você tem que, deliberadamente, ter a intenção de **não se expor**.

A partir desta nossa conversa, podemos também falar sobre como lidar com o ciúme. Já falamos neste livro sobre como manter o coração do seu cônjuge transbordando de amor, seja através dos seus cuidados, ou palavras de afirmação. Isso faz com que ele não caia facilmente em tentações, até por não querer perder o que tem com você, que ele valoriza e aprecia, e pela não necessidade de buscar em outras pessoas os elogios e cuidados que ele já tem em casa. Isso também faz com que você se sinta mais segura e diminui consideravelmente o ciúme.

Agora, é comum também que mulheres sintam ciúmes ou ameaçadas, não pela atitude do marido, mas pela sua própria falta de autoestima, por enxergarem sempre qualidades em outras pessoas e apenas verem defeitos em si mesmas. Se este é o seu caso, então é preciso trabalhar sua segurança e sua autoafirmação. Algumas coisas só você pode fazer por si mesma. Cuide-se mais, reconheça o que a incomoda e não fique parada reclamando disso. Aja no sentido de buscar sua autovalorização.

Tudo isso de que estamos falando formará a blindagem que é preciso para proteger o seu relacionamento contra as tentações, contra as possíveis traições que assombram um casamento.

Lembrando sempre que traição não acontece só fisicamente, mas também em nível mental. Cuidado com o que você fica desejando, ou com o que você alimenta sua mente, seja através de vídeos, fantasias, ou da sua própria criatividade.

O grande segredo aqui é que não virá sobre nós nenhuma tentação que não podemos suportar. E suportar não quer dizer ficar parado, acreditando que podemos lidar com aquilo.

Quer dizer que temos uma saída: podemos fugir da tentação. Você conhece a história bíblica de José, em que ele foge da mulher de Potifá? Está em Gênesis, 9:6-12:

"José era atraente e de boa aparência, e, depois de certo tempo, a mulher do seu senhor começou a cobiçá-lo e o convidou: 'Venha, deite-se comigo!' Mas ele se recusou e lhe disse: 'Meu senhor não se preocupa com coisa alguma de sua casa, e tudo o que tem deixou aos meus cuidados. Ninguém desta casa está acima de mim. Ele nada me negou, a não ser a senhora, porque é a mulher dele. Como poderia eu, então, cometer algo tão perverso e pecar contra Deus?' Assim, embora ela insistisse com José dia após dia, ele se recusava a deitar-se com ela e evitava ficar perto dela.

Um dia ele entrou na casa para fazer suas tarefas, e nenhum dos empregados ali se encontrava. Ela o agarrou pelo manto e voltou a convidá-lo: 'Vamos, deite-se comigo!' Mas ele fugiu da casa, deixando o manto na mão dela".

Com certeza, a esposa de Potifá também era uma mulher atraente e José não ficou ali a tentar explicar, mais uma vez, que ele não teria nada com ela. Quando percebeu sua intenção tão clara naquele momento e sabendo que nenhuma razão mudaria aquilo, ele fugiu.

Não caia no erro de achar que você é forte demais para resistir, se permanecer em determinadas situações. Lembre-se de que já falamos de fugir até mesmo da aparência do mal.

Agora, se você e seu marido já passaram no relacionamento por algum tipo de traição, saber o que os levou a essa situação pode ajudar a não cometerem mais esse tipo de erro. Vocês precisam conversar sobre isso e deixar tudo muito claro. Sei que a dor de falar sobre isso é grande, mas não falar e continuarem, repetidamente, a trazer isso à tona e permitir que seja uma ferida sempre aberta não resolve a situação e não dá chances para que vocês consertem a sua relação. Mas saibam que essa conversa só terá sentido, caso vocês dois tenham o propósito de se entenderem melhor e de ajudarem um ao outro para que possam se perdoar e recomeçar a construção da harmonia no relacionamento.

Deem abertura, um ao outro, para poderem falar do que estão sentindo falta no relacionamento e sobre os desafios que possam estar enfrentando nessa área, para que juntos possam pensar melhor em como resolvê-los.

É muito importante para o relacionamento que vocês entendam que decisões ruins no passado não significam que haverá outras decisões ruins no futuro. Para que o outro mude, ele precisa que você acredite e confie nele.

Lembram que contei que meu pai tinha traído minha mãe várias vezes? Eles chegaram a se separar, mas depois voltaram a viver juntos. Lembro que depois de muito tempo, já com meus dezenove anos, perguntei um dia a meu pai se ele acreditava que as pessoas poderiam mudar. Ele me disse que não poderia dizer que não, já que ele mesmo havia mudado. Quando perguntei por que ele tinha mudado, ele me disse, sem precisar pensar muito: "Porque sua mãe acreditou em mim e eu não queria decepcioná-la de novo".

Às vezes, o que precisamos é somente de alguém que acredite na gente. Não quero dizer com isso que você deve passar uma vida inteira acreditando, caso o outro não tenha a intenção, nem as ações, de quem quer mudar. Falo sobre acreditar em quem se arrependeu e demonstra que não quer cometer o mesmo erro novamente.

Caso tenha sido você a pessoa que traiu, e não a que foi traída, além de tudo isso que já dissemos, lembre-se de perdoar a si mesma e entenda que um erro não a define. Que isso não faz com que você não mereça ter um relacionamento, ou não mereça ter sucesso no casamento. O que nos define, na verdade, é aquilo que repetidamente continuamos fazendo.

Dito tudo isso, pense agora com carinho no que você pode fazer para fugir da aparência do mal, seja no dia a dia, nas redes sociais, ou em outro ambiente ou situação qualquer em que você se encontrar. Tome a decisão de não alimentar nada daquilo que você não quer que cresça e de não fazer com seu cônjuge nada daquilo que você não gostaria que ele fizesse com você.

Tome a decisão, hoje mesmo, de criar uma blindagem contra as tentações no seu casamento, contra tudo o que ameaçar a sua felicidade a dois.

O QUE DIZ O FELLIPE

Vocês conhecem a história bíblica de Davi? Davi foi considerado "o homem segundo o coração de Deus" e, mesmo com toda sua sabedoria, ele acabou, em determinado momento, caindo em tentação.

Nesse quesito, não devemos copiá-lo, mas acredito que podemos aprender, a partir da história dele, o que devemos fazer para não ceder diante da tentação. Que fique claro que ser tentado não é pecado, pois ninguém está isento disso, mas o pecado está em ceder à tentação.

Apesar de todas as partes dessa história serem importantes, quero chamar atenção neste momento para apenas uma delas. Era tempo de guerra e o rei deveria estar lá como líder, na dianteira do povo. Mas Davi não foi, permaneceu no palácio. E toda sua ociosidade fez com que ele acabasse vendo Bate-Seba tomar banho e, assim, se demorou a admirá-la e passou a desejá-la.

Ou seja, quando você foge do que precisava de fato fazer, das suas obrigações, abre brecha para as tentações. Quando sua mente está vazia e seu tempo ocioso, o que não deveria ganha a sua atenção. Então, pense: no que você se tem demorado? É nos vídeos na internet, é em revistas, é em conversas que não deveria estar tendo?

Lembre-se de investir tempo em ser produtivo e no que de fato importa, não fuja do que você deve estar fazendo e não abra brecha para ser tentado e, pior, para aceitar a tentação em sua vida.

Tem uma frase do escritor inglês William Shakespeare que diz: "Depois de algum tempo você descobre que se leva anos para construir confiança e apenas segundos para destruí-la, e que você pode fazer coisas em um instante, das quais se arrependerá pelo resto da vida".

Então, fique atento, fique alerta, "orai e vigiai". Não permita que um prazer passageiro roube de você a chance de viver a vida épica que tanto deseja ter em seu relacionamento de casal.

19 assuma a responsabilidade pelo seu próprio estado emocional

Trabalho com muitas pessoas, em todas as regiões do país e em alguns outros lugares do mundo e, não raro, encontro pessoas que colocam nos outros a culpa pela não realização dos seus sonhos, do seu fracasso, ou a responsabilidade por sua felicidade.

O problema disso é que, quando colocamos no outro todas essas expectativas e responsabilidades, perdemos o controle daquilo que deveria estar somente em nossas mãos.

Por exemplo, você está magoada porque seu casamento não anda bem e fica pensando que o seu marido não é mais o mesmo, ou que ele não é nada do que você imaginou que seria. Então, diz que a culpa é dele, por toda a sua infelicidade.

Mas, você já parou para pensar que a pessoa responsável por seus sentimentos é, na verdade, você mesma? Entendo que pode haver situações no seu casamento que não sejam agradáveis, que envolvam até mesmo certa agressividade, ou críticas injustas, mas não é o seu parceiro que "faz você se sentir mal". É você mesma que decide se sentir desta, ou daquela maneira. Não controlamos o que o outro faz ou deixa de fazer, mas temos perfeito controle sobre nossas emoções, que estão sob nossa responsabilidade.

O filósofo e escritor francês Jean-Paul Sartre disse: "Não importa o que a vida fez de você, importa o que você fez do que a vida fez de você".

Sabe por que normalmente queremos transferir a responsabilidade para outras pessoas? Porque assim podemos encontrar alguém para culpar pelo que não dá certo na nossa vida.

Também no casamento, quando não assumimos a responsabilidade por nossos sentimentos e ações, a colocamos em nosso parceiro. Isso nos leva a assumir uma posição de vítima, o que nos tira completamente o poder de lidar e resolver a situação que nos levou a nos sentirmos de determinada maneira.

Normalmente, culpar o outro pelos problemas do casamento significa falta de responsabilidade sua com seu relacionamento. Isso não quer dizer que o outro também não tenha sua parcela de responsabilidade. Afinal, o casamento é a dois e cada um tem o seu quinhão de responsabilidade por fazê-lo funcionar bem e harmoniosamente.

Mas toda vez que achamos que o que precisamos está no outro, seja para nossa felicidade ou realização, acabamos nos diminuindo e nos tornando mais dependentes.

Acredito que cada ser humano é completo e que transborda quando encontra outra pessoa. Só que o erro da maioria das pessoas é achar que o outro vai completá-lo. De início, isso parece até romântico, mas a responsabilidade e a cobrança que vêm dessa expectativa podem sufocar qualquer relacionamento.

E quando digo qualquer relacionamento é porque costuma ser muito comum ver filhos dizendo que não são felizes porque seus pais não possibilitaram isso, mulheres culpando até ex-maridos pela vida que têm hoje, mesmo depois de anos de divórcio, mães que colocam nos filhos a responsabilidade pela sua felicidade e quando eles casam têm ciúmes da esposa, porque acreditam que deveriam estar fazendo para elas o que fazem pela esposa. Uma transferência de responsabilidade pela felicidade que não tem fim.

Em um relacionamento de casal, especialmente, a relação deve ser entre parceiros iguais, que se vejam no mesmo nível de importância na relação – nem acima, nem abaixo um do outro – em que os dois entendam que sozinhos são bons, mas que juntos são melhores.

Para que isso aconteça, a autoestima é fundamental. A primeira pessoa a valorizar você deve ser você mesma. Se você repete, constantemente, que não é capaz, que é feia, que não consegue fazer nada, que é inútil, que não é uma boa mãe, esposa, profissional, ou tantas outras afirmações negativas, mesmo que isso não seja verdade, vai acabar se tornando. E isso fará também com que seu parceiro comece a enxergá-la dessa forma.

Não importa como está agora, você precisa acreditar que tem força o suficiente, no seu interior e na sua fé, para reagir contra as negatividades e construir sua própria felicidade. Assuma o que você deseja, para tornar-se o quer ser.

Tem uma frase famosa, que ouvi certa vez em uma palestra da psicóloga americana Amy Cuddy, que diz: "*Fake it until you become it*", o que quer dizer "Finja até se tornar". Ou seja, mesmo que você ainda não seja como gostaria, finja que você já é, até que se torne aquilo que quer ser. Internalize isso, visualize a sua imagem desejada, até que acredite piamente que pode realizar.

E aqui é um ponto em que o seu parceiro pode ajudar bastante nesse processo, usando palavras de afirmação – conforme já conversamos em outro capítulo – para reforçar a sua autoconfiança e encorajar você a seguir em frente. Mas lembre-se sempre que não cabe a ele assumir a responsabilidade pelo seu estado emocional, ou pelo seu desenvolvimento. Ninguém pode fazer por você o que você não faz por si mesma.

Então, ame-se, cuide-se, separe tempo para você, aceite-se, perdoe-se, valorize a si mesma. Isso vai ajudar muito no seu relacionamento, porque é exatamente da forma que você se enxerga que você constrói o relacionamento que acredita e merece.

Além disso, assumindo que a sua felicidade é sua responsabilidade, você dá ao seu parceiro a chance de ser ele mesmo e traz para o seu relacionamento a leveza de se amarem sem cobranças, sem cargas, sem pesos.

Então, vamos resumir e focar nestes pontos:

- É preciso aprender a assumir a sua parte de responsabilidade por seu casamento e, principalmente, assumir a sua responsabilidade por suas emoções, por aquilo que você sente. Não se engane: você age de má fé, quando atribui aos outros a responsabilidade pela sua vida, pelas suas emoções, pela qualidade do seu casamento.

- Quando você escolhe assumir a responsabilidade por seus próprios sentimentos, dá o primeiro passo para encontrar o caminho para a alegria e a paz interior e também para uma possível solução mais feliz para o seu relacionamento a dois.

- É importante ter claro que assumir a responsabilidade por seus sentimentos não significa que você justifique um comportamento inadequado do seu parceiro – isso é algo que precisará ser trabalhado em sua relação, no seu devido tempo. Mas significa somente que você assume suas emoções, sem colocar a culpa em ninguém.

- Quando traz o foco da responsabilidade por suas emoções para si mesma, você reconhece o seu poder de escolha sobre quais sentimentos expressar e quando expressá-los. Você assume o seu papel de dona do seu destino, quando apresenta reações adequadas a cada situação que surgir.

- Tendo isso bem claro e entendido, assuma um compromisso com você mesma: repita para si mesma, todos os dias e várias vezes por dia, de preferência em voz alta e em frente a um espelho:

- Eu sou responsável pela forma como me sinto.

- Eu sou responsável pela minha felicidade.

- Eu sou responsável pelo meu sucesso.

- Somente eu sou responsável pelos meus resultados.

- Como diz em um trecho do famoso poema "Invictus", do britânico William Ernest Henley: "Eu sou o senhor do meu destino, eu sou o capitão da minha alma".

E lembre-se: finja ser, até que você se torne aquilo que deseja.

O QUE DIZ O FELLIPE

Já teve algum dia em que você, saindo de casa com sua esposa, ou com toda família, entraram no carro e quando já estavam prontos para partir você percebeu que não tinha pego as chaves? Nesse momento, qual foi sua reação?

Recordo-me de várias vezes isso ter acontecido com meu pai e ele sempre ficava nervoso com a esposa dele, ou comigo e minha irmã. Ele dizia algo como: "Por que você não pegou as chaves?" Quando ele esquecia a carteira, então, dizia para minha madrasta: "Como você pegou sua bolsa e não pegou minha carteira?"

O fato é que quem não vai dirigir não tem porque lembrar de pegar as chaves do carro, da mesma forma que não é obrigação de ninguém lembrar de pegar um objeto pessoal do outro, como a carteira.

Esses são exemplos bem simples, mas práticos, para lembrarmos que não cabe ao outro fazer o que nós mesmos podemos ou devemos fazer.

Não devemos transferir para o outro uma responsabilidade que é nossa, tanto em ações corriqueiras quanto em relação à nossa própria felicidade – neste caso, então, com muito mais razão precisamos assumir o que nos cabe fazer.

Deixar a sua felicidade nas mãos dos outros é garantir que você nunca vai estar satisfeito, mesmo que o outro seja o seu cônjuge e que ele só queira o seu bem. Porque é impossível a ele lembrar e fazer coisas que cabe somente a você mesmo realizar.

Cada qual tem suas próprias preocupações e responsabilidades, tanto pessoalmente quanto dentro da relação de casal. Um parceiro pode ajudar o outro, sem dúvida que sim. E é até desejável que o faça, porque um casal está junto para se ajudarem, crescerem juntos e serem felizes. Mas ninguém deve assumir a responsabilidade do outro – esse não é, definitivamente, o caminho para a felicidade conjugal.

Aprenda a assumir o seu papel e suas responsabilidades. E jamais queira transferir suas obrigações ou suas culpas para o seu companheiro ou companheira.

20 não queira ter sempre razão

No casamento, querer ter sempre razão é como comprar uma passagem só de ida para a infelicidade. Primeiro porque nem sempre teremos razão e insistir em um erro não leva ninguém a um convívio harmônico. Depois, porque é muito difícil o outro abrir mão de sua opinião todas as vezes – uma vez ou outra é possível ceder, na maioria das vezes é possível ceder, mas ceder sempre é algo inimaginável para qualquer ser humano e gera um ressentimento difícil de suportar.

Como diz um ditado popular: "Todo mundo acredita que sua opinião é a correta, porque, se não acreditasse, mudaria de opinião". Em outras palavras, querer estar certa sempre é convidar o seu parceiro para uma briga de egos que, em geral, não acaba bem.

Se tem uma coisa em que sempre fui boa é em argumentação. Acredito até que teria me dado bem na advocacia, mas acabei usando essa habilidade no empreendedorismo. Só que algo que sempre foi meu ponto forte poderia ter sido o ponto fraco do meu casamento.

Cresci sendo valorizada pela minha habilidade em defender até o fim meu ponto de vista, até provar que ele fosse a verdade e que eu estava certa. Por isso, desenvolvi uma necessidade crescente de ganhar. Como consequência, essa foi uma das áreas que mais rapidamente tive que trabalhar no casamento, para que tivesse um relacionamento bem-sucedido. Por aí você pode ver como "querer ter sempre razão" é comprometedor.

Sobre isso, existe uma história que diz que o poeta Ferreira Gullar teve um insight quando estava em casa sozinho, depois de uma briga com sua mulher. Ele ficou muito mal com isso, acabou ligando para ela e dizendo esta frase: "Não quero **ter razão**, eu quero é **ser feliz**!".

A gente não se casa para ficar disputando com nosso cônjuge quem tem razão sobre cada coisa que acontece. Afinal, você quer estar certa ou quer ser feliz? O que é mais importante? O que é mais saudável? O que a aproxima de quem você ama e se importa com você? Qual dessas opções a move em direção à pessoa que você quer ser e da felicidade que quer viver?

É claro que, como toda mulher, você vai me perguntar: "Mas, Andréa, eu não posso ter as duas coisas?". Não! Não dá para ter sempre razão e também ser feliz no casamento. Não adianta insistir nisso. Viver ao lado de alguém exige diplomacia, jogo de cintura e ceder de vez em quando.

Assisti a um vídeo de Augusto Cury em que ele diz que o alvo dos cônjuges normalmente está errado, porque não está em ter sucesso no relacionamento, mas está em ter razão. E isso significa ser dono da verdade, estar sempre certo, ter a última palavra. Essa necessidade egoísta de ser quem tudo sabe tem afastado muitos casais e até mesmo, em casos extremos, provocado o divórcio.

Agora, reflita um pouco e responda com sinceridade, para você mesma: Qual tem sido o alvo do seu casamento? Alguma vez, depois de terminar uma discussão e ter se "saído bem" nela, você já sentiu que tinha de fato ganhado? Sentiu aquele prazer da vitória?

Eu percebi que não me sentia vitoriosa. Que o fato de, no relacionamento, alguém ter que perder para eu ganhar não fazia valer a pena minhas defesas e argumentações. Tudo isso porque, na verdade, o casamento não deveria ter dois lados, não deveríamos nos tratar como se fôssemos partidos diferentes, até porque o próprio nome já está errado: "partido" é um pedaço e, na relação a dois, devemos ser inteiros, juntos, completos.

Quando um casal resolve jogar "estou certo, estou errado", ou seja, "quem tem razão", não existem vencedores. Esse é um jogo de "soma zero", isto é, ninguém ganha nada com ele.

Depois de algum tempo, compreendi que no casamento o maior ganho é chegar a um ponto em que podemos concordar, palavra essa que "soa como plural", e não ganhar, que tem um caráter tão singular.

A palavra concordar vem do latim *com+cordis*, que significa com o coração. Quando duas pessoas concordam quer dizer que seus corações estão juntos, unidos. Entenda bem a sutileza disso: nem mesmo na etimologia da palavra concordar está ligado à razão, mas sim à emoção do amor.

Então, muitas vezes não terá sentido mesmo você discordar. Você irá concordar não porque sua razão confia naquilo, não porque suas certezas falam que aquela é a verdade, mas porque o seu coração sabe que esse é o melhor caminho, essa é a alternativa que a fará mais feliz. Concordar, muitas vezes, é abrir mão da sua razão, da sua verdade absoluta, para possibilitar-se viver um momento mais leve e mais cheio de harmonia com seu parceiro. Concordar, muitas vezes, pode ser visto como um ato de amor pelo seu companheiro.

É claro que sempre existem pessoas que preferem ir pelo lado de "ou eu tenho razão, ou teremos uma discussão.". Se você defende esse pensamento, quero apenas sugerir que pense no que tem ganhado com isso. Tem valido a pena? Isso, de fato, tem feito o seu relacionamento mais feliz? Você prefere ter o prazer de ter razão, ou o prazer de ser amado? A propósito, qual desses prazeres é mais duradouro e gratificante?

O amor "não procura seus próprios interesses", como diz no Livro 1 de Coríntios 13:5. E a pessoa que faz somente isso – buscar seus próprios interesses – afasta, cada vez mais, a possibilidade de ser amado.

O escritor e Coach Marco Fabossi definiu Inteligência Emocional como "a capacidade de manipularmos nossas emoções de forma que elas trabalhem a nosso favor e nos levem mais perto de nossos objetivos".

Dessa maneira, todas as vezes que estiver em uma situação em que precisar decidir entre ter razão e ser feliz, pergunte-se: Qual é o meu objetivo em tudo isso? Essa atitude, ou reação, que estou prestes a tomar, me afasta ou me aproxima dos meus objetivos?

Se você chegar à conclusão, a partir das respostas a essas perguntas, que o que está prestes a fazer a afastará do que você tem procurado em um relacionamento, então use sua inteligência emocional para decidir ser feliz.

Tenha em mente que a necessidade de estar sempre certo e, por extensão, de controlar pessoas, situações e resultados, destrói a nossa capacidade de ser feliz.

A renúncia faz parte de um relacionamento bem-sucedido. Não quero que você acredite que terá de renunciar sempre. Você pode expressar sua opinião e seu ponto de vista, pode argumentar sobre suas ideias e defender sua verdade, mas a qualquer sinal de que isso deixou de ser um diálogo e começou a ser uma disputa, recue. Não vale a pena comprar uma briga só para provar que você tem razão.

Garanto a você que, no casamento, é sempre preferível não querer ter razão, mas sim buscar ser completamente feliz e amada. E, por favor, não confunda isso com submissão ou falta de opinião. Apenas estou dizendo que toda e qualquer briga em um relacionamento a dois deve ser evitada.

Sei bem que esse comportamento consciente não se forma com um exercício de um dia, ou com apenas uma ação. Ele vai exigir de você um compromisso diário e contínuo, ligado com a felicidade do casal.

Entenda que, no seu casamento, ganhar de verdade é alcançar o relacionamento dos seus sonhos. Pensando nisso, liste com carinho quais são as razões que você tem defendido com unhas e dentes e, com isso, gerado conflitos no seu relacionamento. Escreva também como você pode mudar isso, para conquistar mais paz e harmonia no seu casamento.

Pensando com o seu coração, entenda que, no seu casamento, a verdadeira vitória só vem se for conquistada no plural, com concordância ou, no mínimo, sem discordâncias por razões egocêntricas.

O QUE DIZ O FELLIPE

Eu sempre fui melhor ouvinte do que argumentador. E quando você casa com alguém que argumenta muito bem, isso pode ser uma dor de cabeça. Com o passar do tempo no meu relacionamento com Andréa, percebi que, quando eu queria expor minha opinião e era veemente rebatido, eu tinha dois caminhos: insistir ou persistir. Sabe qual é a diferença? Vou explicar.

Insistir é continuar usando o mesmo argumento, batendo na mesma tecla até convencer o outro (geralmente quem vai por esse caminho tenta vencer pelo cansaço). Persistir, em contrapartida, é buscar novos argumentos, remodelar sua abordagem e, aí sim, novamente, expor seu novo ponto de vista. Persistir é ir por um novo caminho.

Por que estou explicando isso para você? Porque baseado nesse princípio eu e Andréa discutimos muito pouco. Porque ou eu a convenço de cara, ou ela faz o mesmo, ou expomos nossas opiniões, discordamos e saímos para pensar em uma nova abordagem, de maneira que da próxima vez que tocarmos no assunto consigamos explicar de uma maneira mais propícia a convencer o outro.

Não ficamos falando coisas do tipo "Mas você tem que me entender", ou "O problema é que você não vê as coisas como eu vejo", porque entendemos que se o ouvinte não entendeu a mensagem, o problema sempre é do comunicador.

21 seja grato pelo seu parceiro e pelas coisas boas que ele faz

Você já parou para pensar quantas reclamações você faz em um dia? Muitas delas começam logo ao acordar: "Não acredito que já deu a hora de levantar", "Queria poder dormir mais", "Odeio segunda-feira", "Não tenho o que vestir", "Não tem nada para comer", "Estou atrasada, de novo", "Esse carro velho sempre dá problema quando eu mais preciso", "Meu chefe está um saco"... E, assim, não tem fim.

Alimentamos tanto esse hábito de reclamar que, muitas vezes, as frases saem da nossa boca com tanta facilidade que nem percebemos mais o que estamos falando com tanta frequência.

Ao contrário disso, não levamos tão a sério o hábito de agradecer. Por exemplo, se eu pedisse para você fazer agora uma lista de dez coisas que "precisam ser mudadas" no seu parceiro e outra com as dez coisas pelas quais você é grata a ele, qual lista você acredita que terminaria primeiro?

Normalmente, você irá completar mais rápido aquela lista que mais alimenta em sua mente e no seu dia a dia. Se você procura sempre enxergar com gratidão o seu marido e tudo que ele faz, verá que a segunda lista se completará com maior facilidade. Se, pelo contrário, você está sempre insatisfeita e achando defeito em tudo o que ele faz, é bem possível que diga algo como "Quer que eu coloque somente dez coisas, ou posso colocar mais? Eu poderia escrever um livro sobre tudo que meu marido precisa mudar."

Quando tudo o que você pode ver em seu casamento são os problemas, tem muito mais dificuldades em encontrar as coisas boas pelas quais ser grata. Olhar somente para o que está errado com o seu casamento é uma maneira rápida e fácil de se tornar infeliz e alimentar ervas daninhas que irão corroer o seu relacionamento. Mas, ajustando seu foco e assumindo uma atitude mais grata, você pode ver seu casamento se renovar e se harmonizar.

Toda esta conversa me faz lembrar muito de uma história, da época em que eu estava no ensino fundamental. Minha professora de literatura, Conceição Mendonça, que por sinal foi quem primeiramente me incentivou a escrever, pediu para que eu lesse o livro *Pollyana menina*, da escritora Eleanor H. Porter.

Pollyana era uma menina cheia de motivos para ser triste ou reclamadora, mas antes de seu pai falecer ele havia ensinado a ela um jogo precioso, que chamaram de "O Jogo do Contente".

A ideia do jogo é bem simples, porém, nem todo mundo consegue colocá-la em prática: sempre que alguma coisa ruim acontecer, tente encontrar o lado bom daquela situação, seja para o seu próprio bem ou para o bem de outras pessoas.

No livro, Pollyana narra que em um Natal pediu uma boneca de presente, mas nas doações que chegaram, só recebeu um par de muletas. Foi aí que seu pai lhe ensinou o "Jogo do Contente". Talvez você queira perguntar: "Mas o que há de bom em receber um par de muletas?" O bom é que você não precisa delas. E isso é motivo mais do que suficiente para ficar contente.

O "Jogo do Contente" é incrível: "– É lindo! (...) E quanto pior o que acontece, mais divertido fica para resolvê-lo (...) Veja: quando está procurando coisas para ficar contente, você se esquece das outras coisas."

Quantos ensinamentos preciosos existem nessa história, não é? Gostaria que você se lembrasse, principalmente, de um deles: "Quando você está procurando coisas para ficar contente, você se esquece das outras coisas."

Eu sei que você terá sempre um motivo para reclamar do seu cônjuge, afinal, já passamos aqui da fase de achar que alguém é perfeito. O fato é que, se você já sabe disso, é melhor gastar energia focando no que ele tem de bom e sendo grata por isso. É essa postura que vai dar a vocês a chance de construírem um relacionamento mais feliz.

Então, independentemente do seu relacionamento ainda não estiver do jeito que você gostaria, ele também tem muitas coisas boas que devem ser lembradas, ressaltadas e pelas quais você deve exercer sua gratidão. Sejam gratos um pelo outro.

Melody Beattie, escritora norte-americana especializada em relacionamentos, disse que: "A gratidão dá sentido ao nosso passado, traz paz para hoje e cria uma visão para o amanhã". E ainda completou: "A gratidão abre a plenitude da vida. Transforma o que já temos em muito mais abundância. Transforma a negação em aceitação, o caos em ordem, a confusão em clareza. Pode transformar uma refeição em uma festa, uma casa em um lar, um estranho em um amigo".

Então, por mais que você tenha se esforçado tanto nos últimos tempos para enxergar todos os defeitos do seu parceiro, quero fazer-lhe um convite para lembrar-se da razão de vocês estarem juntos, quais os motivos que levaram vocês a assumirem um compromisso um com o outro. Naquela época em que tomaram essa decisão, você o via com olhos de gratidão e admiração, não é? Talvez ele tenha mudado e você também, mas ainda há nele qualidades que precisam ser reconhecidas por você e que valem a sua gratidão.

Certa vez, li uma frase que dizia: "Trate as pessoas não como elas são, mas como você gostaria que elas fossem". Em vez de tratar seu esposo por suas falhas, trate-o valorizando o que tem de melhor, para que ele deseje melhorar ainda mais e merecer, de fato, tão honroso tratamento.

É através da gratidão pelo que temos que a verdadeira dimensão da relação de casal se abre e se expande. Como disse o escritor motivacional norte-americano Zig Ziglar, "A gratidão é a mais saudável de todas as emoções humanas. Quanto mais você expressar gratidão pelo que tem, maior a probabilidade de ter muito mais pelo que expressar gratidão".

Seja grata por vocês estarem juntos, pelo que cada um acrescenta na vida do outro, pela oportunidade de terem alguém para construir e dividir uma vida. Mas não guarde essa gratidão somente no seu coração, expresse isso claramente. Desenvolva o hábito de agradecer ao seu companheiro com palavras e atitudes.

Sejam gratos a Deus por todo seu cuidado com vocês e principalmente pelo presente que Ele lhes concedeu, ao terem encontrado um ao outro.

Criem o hábito de agradecer pelas pequenas gentilezas no dia a dia, seja ao abrir uma porta, arrumar uma cama, colocar a mesa, pagar as contas, fazer a feira.

Não trave sua vida sendo ingrata. Entenda: você agradece não só porque o outro merece sua gratidão, mas porque você merece que o fluxo de receber seja contínuo na sua vida. O hábito de agradecer é o que libera o fluxo de receber. Então, lembre-se sempre de que não é a felicidade que nos faz gratos, mas, sim, é a gratidão que nos faz feliz.

Agora, vamos pôr em prática imediatamente a sua gratidão. Você pode escrever uma carta para seu marido, ou dizer diretamente a ele o quanto você se sente grata. Fale sobre o que ele faz de bom para você e como isso afeta a sua vida positivamente. Conte como você se lembra dos cuidados dele e deixe claro o quanto você é grata por tê-lo em sua vida.

Você pode começar dizendo algo como: "Eu sei que faz muito tempo que não faço isso, mas quero te contar algumas coisas que eu admiro em você e pelo que sou grata. Sei que já te disse isso antes, algumas vezes, e que talvez você até já saiba, mas nunca é demais repetir e reforçar, não é verdade?...". E vá em frente, falando de todos os motivos pelos quais você é grata a ele.

Não espere retribuição. O objetivo deste exercício não é conseguir que seu marido faça o mesmo por você. Esse é um gesto lindo de gratidão, é como se estivesse dando um presente a ele. E não cobramos receber um presente de volta a quem damos algo.

Faça isso com todo seu coração e perceba o poder da gratidão exercida dia após dia, na consolidação do seu casamento.

O QUE DIZ O FELLIPE

Talvez você esteja insatisfeito de tal forma com sua esposa ou com o relacionamento que está vivendo que tem uma dificuldade enorme de ser grato. Talvez você esteja pensando que seu casamento já não tem mais jeito, ou que seria preciso um milagre para que as coisas melhorassem entre vocês.

Uma das maiores lições que aprendi sobre milagres foi em uma pregação a que assisti, em que o pregador provou biblicamente que o milagre sempre é antecedido da gratidão. Vou colocar aqui duas passagens bíblicas que corroboram essa afirmação:

A primeira, do Livro de Mateus 14:19, é de quando Jesus percebeu que havia uma multidão a ser alimentada e havia apenas poucos pães e peixes: "E ordenou que a multidão se assentasse na grama. Tomando os cinco pães e os dois peixes e, olhando para o céu, deu graças e partiu os pães. Em seguida, deu-os aos discípulos, e estes à multidão". Ele poderia ter olhado para o céu e ter feito um pedido para que o alimento se multiplicasse, mas simplesmente deu graças pelo que tinha em suas mãos.

Você já parou para pensar que às vezes não temos mais da nossa esposa ou do nosso relacionamento, porque ainda não somos gratos pelo que já temos? E é justamente quando reconhecemos o que já temos e somos gratos por isso que pode haver multiplicação nas nossas vidas.

O segundo episódio é de quando Jesus ressuscitou Lázaro, no Livro de João 11:41: "Tiraram, pois, a pedra de onde o defunto jazia. E Jesus, levantando os olhos para cima, disse: Pai, graças te dou, por me haveres ouvido". Ninguém ainda tinha visto que de fato tinha acontecido um milagre, e Jesus já estava dando Graças.

Pode ser que hoje você acredite que seu relacionamento está morto, mas pode ser grato pelo restabelecimento dele e anteceder esse milagre na vida de vocês.

Certa vez, Andréa me contou que enquanto seu pai estava em coma ela questionava a Deus por que tudo aquilo estava acontecendo. E sua mãe lhe disse: "Não pergunte por quê. Peça a Deus que lhe mostre que Ele está cuidando dos detalhes". Ela me disse que passou a orar dessa forma e que, dia após dia, conseguiu enxergar o cuidado de Deus em coisas que ela nem notava. E aquilo foi fazendo com o que o coração dela fosse ficando em paz e grato. O pai dela finalmente descansou, mas ela tem a certeza de que Deus cuidou de tudo.

Às vezes, queremos tanto chegar ao destino que não somos gratos pela jornada. Quem sabe hoje seja dia de ser grato não pelo todo em seu casamento, mas pelos detalhes. E fazendo isso permitir que o que você já tem possa ser multiplicado e o que está morto possa viver novamente.

22 viva no presente

Você já se viu fazendo afirmações sobre o seu marido, ou o seu casamento, como: "Você já foi mais carinhoso", "Nossos melhores momentos juntos eram quando namorávamos", "Nossa melhor viagem foi a primeira que fizemos", "Que saudade do meu passado", "Ah, se eu pudesse voltar no tempo e ficar naquele momento"?

Na Bíblia diz que não há sabedoria nesse tipo de afirmação. O Livro de Eclesiastes 7:10 diz: "Nunca digas: por que foram os dias passados melhores do que estes? Porque não provém da sabedoria esta pergunta.". Isso porque as coisas velhas já tiveram seu tempo, se passaram. Sejam elas boas ou ruins, devem ser deixadas para trás para que você tenha espaço para viver o hoje, sem comparações, sem competição.

Se você sempre pensar que já viveu o melhor, já aconteceu o melhor que poderia acontecer, já fez a melhor viagem, já teve o melhor relacionamento, como pode querer que coisas melhores aconteçam? Entenda que o ontem pode ter sido bom, mas não pode tirar a possibilidade de o hoje ser excelente.

Se nem as coisas boas de ontem devem ocupar o espaço das experiências do hoje, muito menos as coisas ruins devem fazê-lo.

Na Roma antiga, quando um homem era julgado e condenado por homicídio, como castigo, era amarrado em suas costas o corpo de uma pessoa morta. Ele era solto, desde que permanecesse com o corpo junto a si. Ao longo do tempo o corpo ia se decompondo e as bactérias e fungos tomavam conta também de quem o estava carregando, até que, assim, ele também começava a apodrecer e chegava ao óbito.

Quando insistimos em levar conosco as feridas, as mágoas, as lembranças de algo que nos fez mal, estamos carregando esse mesmo peso morto, desnecessário na nossa vida. E aos poucos ele vai tomando conta da gente, do nosso coração, dos nossos pensamentos, sentimentos e ações, e acaba nos contaminando e matando.

Não traga de volta problemas do passado sempre que houver uma discussão com seu marido e não os use como armas para atingir ou reprovar seu cônjuge. Deixe o passado ser apenas história e ficar para trás.

Existem outras pessoas que, por outro lado, vivem tão focadas no futuro que não vivem o presente. Você já ouviu alguém dizer algo como "Quando eu tiver isso, serei feliz", "Quando isso acontecer, eu vou estar realizado na vida", "Quando eu puder viajar, aí sim vou poder aproveitar a vida", "Quando não tivermos mais problemas financeiros, nosso relacionamento será perfeito"? Isso é muito comum de se ouvir.

Quando condiciona sua felicidade, seu sucesso, sua realização, a coisas que estão no futuro, você rouba do agora as chances que teria de fazê-lo completo, inteiro, entregue, feliz, realizado.

Você não tem consciência do hoje quando só mira e enxerga o futuro. Você não constrói lembranças quando vive somente de projeções. Existe uma frase da escritora Eleanor H. Porter que diz "O que a gente não conhece é sempre mais atraente do que aquilo que temos". Vivemos com a mania de valorizar aquilo que ainda não alcançamos e perdemos a capacidade de apreciar o que já temos.

Pior ainda, existem também aquelas pessoas que olham para o futuro não com esperança, mas com desespero, com ansiedade, acreditando que tudo de ruim pode vir a acontecer e que a situação pode ficar ainda pior do que está. Se não bastasse sofrerem com o hoje, ainda sofrem por antecipação com situações que nem mesmo sabem se ocorrerão. Na Bíblia, em Mateus 6:34, diz: "Portanto, não se preocupem com o amanhã, pois o amanhã trará as suas próprias preocupações. Basta a cada dia o seu próprio mal."

Em vez de viver as inquietações do futuro, vivas as de hoje, que já bastam. Mas aproveite para resolvê-las agora. Assim você não ficará carregando no seu casamento os problemas do passado e nem construindo um futuro cheio de complicações.

Você precisa construir sim um futuro desejável na sua relação de casal, tendo planos, perspectivas, propósito, mas não pode viver no futuro. Entenda que a felicidade está na jornada e não no destino final. Então, aprenda a desfrutar o caminho enquanto você o está percorrendo. Viva e aproveite a sua relação a dois a cada dia, a cada momento.

Viva o presente do seu relacionamento de forma realista, entenda que ele pode não ser perfeito, nem ainda ter tudo que você quer, mas isso não é ruim. Isso não significa que ele não tenha coisas boas, aquelas coisas agradáveis que estão ao seu alcance de imediato, porque estão reservadas apenas para o hoje. Isso significa também que seu presente pode ficar cada vez melhor.

Um relacionamento saudável é vivido no aqui e agora. Viver é se entregar, ser inteiro, estar e ser presente. É acordar decidido que vai viver de tal forma que o dia de hoje vai merecer ser lembrado.

No livro *Pollyana menina*, de Eleanor H. Porter, que já mencionei, há ainda outro trecho, entre tantos que considero maravilhosos, onde está escrito: "É diferente, tia Paulina. Quero dizer: respirar e viver. Quando a gente dorme, respira, mas não vive. 'Viver' é fazer o que nos agrada, como brincar no jardim, ler para mim mesma, subir ao alto da colina, falar com Tomás e Nancy, ouvir novidades de casas e vizinhos e das ruas por onde passei. Respirar somente não é viver".

Respirar somente é sobreviver. Viver de verdade tem a ver com desfrutar a vida. Não sei se você tem levado seu relacionamento só como quem respira, mas não vive. Mas, de qualquer forma, você precisa decidir ser feliz com seu parceiro agora. Se você deixar para amanhã para ser uma esposa melhor, o seu relacionamento terá poucas chances de ter um futuro maravilhoso.

Ouvi uma frase certa vez que dizia: "Depressão é o excesso de passado, ansiedade é o excesso de futuro e felicidade é o presente na medida certa". Qual dessas opções você quer viver no seu relacionamento?

Meu convite para você, neste dia precioso de hoje, é para que deixe as preocupações de amanhã para depois e as lembranças do passado para trás. Vá até a janela e aprecie o dia, respire profundamente. Veja a cor do céu, feche os olhos e guarde cada tipo de som do lugar onde você está. Se não são agradáveis, ligue uma boa música. Cante, dance, sorria sem medo de parecer que está enlouquecendo. Olhe bem para seu parceiro com carinho e admiração – ou imagine a imagem dele, caso ele não esteja presente – e memorize cada um dos seus traços. Pense: caso hoje fosse o último dia em que você fosse vê-lo, o que gostaria de dizer a ele? Que lembrança você gostaria que ele tivesse de um último encontro?

Faça esse exercício e repita essas perguntas a si mesma todos os dias e não esqueça de colocar em prática todas as respostas que você obtiver nessa atividade.

Lembre-se de deixar o passado ser passado e o futuro ser futuro, e permita que seu presente seja, de fato, **um presente** na vida de vocês.

O QUE DIZ O FELLIPE

Certa vez, em um treinamento de que participei com um norte-americano chamado Robbin Sharma, ouvi uma frase que me marcou muito: "No final das contas, a sua vida será um reflexo da forma como você vive o seu dia. Ou seja, o seu dia é nada mais nada menos do que a miniatura da sua vida".

Essa frase me trouxe uma reflexão muito forte e fez com que me questionasse sobre a forma como eu vivia meus dias, quais eram os meus hábitos, meus horários, minhas prioridades.

Falando sobre esse assunto, lembro-me de que um dos primeiros presentes que Andréa me deu, e que todo ano ela garante que eu tenha, foi uma agenda. Usar uma agenda é uma forma de trazer a si mesmo, a todo momento, para o hoje. É também um lembrete do que você vai precisar fazer nos dias seguintes, mas é principalmente um roteiro precioso para o agora.

Todas as vezes que perguntamos um para o outro "o que você vai fazer hoje?" estamos nos voltando para o presente. Planejar o hoje é um segredo para aproveitar bem o dia e, claro, incluir nele o que é prioridade para nós.

É importante procurar ajustar a sua agenda com a da sua esposa. Talvez, na correria do dia a dia, vocês não consigam separar horas um para o outro. Mas é possível garantir que, já que ambos terão de almoçar, os dois possam fazer isso juntos; já que terão que fazer um lanche, podem se organizar para ser na mesma hora e em companhia um do outro.

Em uma frase conhecida, Jim Brow, ex-jogador de futebol americano, diz: "Os homens perdem a saúde para juntar dinheiro, depois perdem o dinheiro para recuperar a saúde. E por pensarem ansiosamente no futuro esquecem-se do presente, de forma que acabam por não viver nem no presente nem no futuro. E vivem como se nunca fossem morrer... E morrem como se nunca tivessem vivido".

Terminar o dia sabendo que você viveu o hoje, e não a ansiedade do seu amanhã, é uma forma poderosa de fazer valer a pena ter acordado neste dia.

Se você ainda não usa uma agenda, talvez esta seja uma poderosa dica para ajudá-lo a viver o agora e, é claro, poder visualizar a que ou a quem você tem dedicado, ou não, o que você tem de mais precioso: seu presente, seu tempo, seu hoje, seu agora.

O seu dia de hoje é, na verdade, tudo o que você tem a garantia de possuir. Faça bom uso desse presente que Deus lhe deu.

23 construa uma visão de futuro em conjunto com seu parceiro

Acabamos de conversar sobre o prazer de desfrutar uma jornada juntos no casamento, marido e mulher caminhando lado a lado. E esse prazer se torna ainda mais completo quando o casal sabe para onde está indo, ou seja, qual é o futuro que pretendem ter juntos, e quando esse futuro é promissor e cheio de propósito.

Quando você compartilha sua vida com alguém, há muitas coisas que exigem que vocês pensem no futuro. Por isso, certifique-se de reservar algum tempo para planejarem juntos. Você e seu cônjuge têm sonhos, objetivos e metas familiares, pessoais e financeiras que precisam discutir entre si.

Vale a pena falar sobre isso com frequência, para garantir que vocês estejam fazendo as coisas certas hoje, para garantir o futuro com que sonham.

Não há nada que se possa fazer quanto ao passado, com relação ao que vocês já viveram, mas juntos vocês podem, hoje, construir um futuro de sucesso e plenitude na sua relação.

Mas tem uma coisa que acontece muito e que me deixa bastante preocupada: muita gente não sabe para onde vai ou, ainda pior, ainda no namoro, principalmente, muitos sabem que estão indo para um lugar onde não querem estar, mas não têm coragem de desistir da caminhada.

Andar sem rumo é muito ruim, porque a pessoa não tem nenhum propósito e, é claro, isso não tem como causar satisfação. Mas pior do que andar sem rumo é andar seguindo para o objetivo errado.

Acho que não deve ser difícil para você lembrar-se de casos, que aconteceram com você, ou quem sabe, entre seus amigos, em que mesmo na época de namoro já havia aquela conversa: "Então, estamos namorando, está legal, mas qual é o nosso objetivo com o nosso relacionamento? Para onde estamos caminhando? O que queremos para nosso futuro juntos?" Muitas pessoas têm medo de fazer essas perguntas, porque já sabem que a resposta não será satisfatória, não será positiva. Mas também não têm coragem de assumir isso e interromper a caminhada.

Já conheci pessoas que viveram anos em um relacionamento, na certeza de que não havia mais perspectiva para elas, que o pouco que tinham de satisfação na relação era o máximo que um poderia oferecer ao outro, que o compromisso do casamento não era mais uma opção. Mas que, por insegurança ou medo, não largavam o outro, não desistiam da relação.

Mas não se engane, isso não acontece só no namoro. Em alguns casamentos, o casal já não sonha mais junto, não tem mais planos, e isso vai fazendo com que, aos poucos, se percam os laços que os motivavam a ter uma vida a dois a longo prazo.

Perceba que não estou dizendo aqui que, caso você esteja em uma situação parecida com essa, é preciso se separar do seu marido – afinal, este livro é para melhorar o seu relacionamento a dois e não para acabar com ele. O que estou dizendo é que, se você perceber que a direção está errada, que o caminho que você e seu cônjuge pegaram está levando para um futuro ruim, que vocês não querem ter, então vocês têm que fazer algo para corrigir essa rota e direcionar a sua jornada para um futuro mais feliz a dois.

Seja responsável no seu casamento pelo futuro que pretende ter para vocês dois. Não há nada que se possa fazer quanto ao passado, mas hoje você pode construir um futuro de sucesso para a sua relação. Se você quer ter uma jornada longa e plena com seu parceiro, é preciso entender o poder que vocês têm de construir uma visão de futuro e então planejar isso com muito cuidado.

Você já percebeu que, normalmente, as pessoas que planejam antecipadamente uma viagem a aproveitam mais? Gastam menos, aproveitam melhor o tempo, conhecem os melhores lugares, fazem mais atividades. Tudo isso porque o planejamento faz com que você saiba aonde quer ir, quando e como chegar onde deseja.

Tem um autor norte-americano, de quem sou fã, chamado Stephen Covey que, entre vários livros, escreveu "Os Sete Hábitos das Famílias Altamente Eficazes". Nesse livro, ele fala que o planejamento é uma "missão familiar compartilhada". Ou seja, o planejamento do futuro em família tem que ser feito conjuntamente por você, seu marido e seus filhos, se vocês já os tiverem.

Agora, deixe-me ser um pouco mais direta: se eu perguntar o que você pensa ou espera do seu casamento para daqui a dez anos, ou o que você e seu cônjuge querem conquistar, onde querem estar, você consegue me responder de imediato?

Não sei qual é a sua resposta. Talvez, ao longo da leitura deste livro, de alguma forma, você até já tenha começado a abordar esse assunto com seu marido – o que seria muito bom. Mas, fato é que a maioria das pessoas respondem a essa pergunta com: "Nunca pensei sobre isso", ou "Não sei nem se estamos tendo um presente, quem dirá um futuro", ou ainda "Deixei meu futuro nas mãos de Deus" – e, neste caso, usam Deus como desculpa para não assumirem a responsabilidade pelo seu casamento. O que é muito diferente de ter fé e confiar em Deus, enquanto você faz a parte que lhe cabe fazer.

Em uma pequena parte dos casos, algumas pessoas até poderiam me responder, dizendo o que esperam do casamento delas no futuro. Mas, caso eu fizesse a mesma pergunta aos seus cônjuges, eles dariam respostas diferentes das suas esposas.

Por isso, insisto: pense por um momento sobre qual é o propósito de vida de vocês como casal? Vocês têm isso claro? Não me diga que se resume a criar os filhos, porque os filhos crescem e vão embora.

E por falar em filhos, lembre-se de que a união do casal sempre é afetada pela chegada deles, só que estes são somente mais um, dois, três laços que ligam ainda mais vocês. Porém, de maneira alguma isso pode acabar com o relacionamento do casal. É preciso que vocês, sendo pais, não percam sua identidade como cônjuges. Vocês se tornam pai e mãe, mas continuam sendo marido e mulher.

Voltando ao foco da nossa conversa, responda para si mesma com sinceridade: você consegue se enxergar envelhecendo com seu cônjuge? Pergunto isso porque a dificuldade de fazer planos juntos pode estar ligada à falta de vontade ou de desejo de querer permanecer com seu parceiro. Se for esse o seu caso, é preciso parar e pensar no porquê de você não ver chances de envelhecer ao lado do seu marido. Isso é muito sério e precisa ser pensado com cuidado. Muitas vezes, há um motivo forte para isso, que precisa ser levantado e devidamente tratado, mas outras vezes pode ser apenas uma questão de vocês ajustarem seus sonhos e objetivos de futuro. Pense com carinho sobre isso.

Já percorremos um caminho longo até aqui, juntas, então vou dar-me a liberdade de ser bem sincera e direta com você: se você hoje está namorando e não tem uma visão de futuro com essa pessoa, não seja egoísta ao ponto de segurá-la por mais tempo. Dê a ela a chance de se relacionar com alguém com quem possa fazer planos juntos; e dê a você também esse direito. Não se apegue a uma relação que você sente que não tem futuro.

Se você está casada, então, e não vê perspectivas no seu casamento, converse sobre isso com seu marido. Peça para que ele a ajude a enxergar o que há de errado e o que se pode fazer a esse respeito. Procurem tomar consciência dos problemas pelos quais estejam passando e se deem a chance de retomar uma jornada juntos, com muito mais propósito e esperança.

Uma vida de casal fica muito melhor quando os dois sabem para onde estão indo. Se perceberem que estão se desviando do caminho, serão capazes de ajustar a rota para que garantam uma caminhada que os leve ao que juntos almejam.

Muitas pessoas têm mudado de parceiro quando as coisas não andam bem, mas continuam na mesma estrada, o que não resolve a vida delas. É preciso entender que na maioria das vezes o melhor é mudar o caminho e trilhá-lo com o mesmo companheiro.

Ter problemas, discordar em alguns pontos, ter de se adaptar para manter a harmonia, tudo isso faz parte da experiência e do aprendizado do casamento. Entenda que estradas longas exigem investimentos na viagem. Cuidem um do outro e ajustem sempre o percurso, para que alcancem seus objetivos juntos.

Pense nesta questão: na sua visão de futuro, você é mais feliz sozinha? Acredito que não. Não nascemos para ficar sozinhos. Essa não é a natureza do ser humano. Então, aprenda a sonhar, planejar e realizar em conjunto com seu marido.

A partir deste momento, faça um convite ao seu cônjuge para que construam um quadro dos sonhos juntos. Algo que vocês possam visualizar diariamente e que fará sua caminhada mais gostosa, porque vocês terão sempre em vista para ondem estão indo. Recorte imagens de revistas, ou tirem da internet, que representem seus sonhos e cole nesse quadro. Cole o quadro em um local bem visível e acostume-se a olhar, juntamente com seu cônjuge, para esse conjunto de imagens que representam o seu futuro desejado.

O importante é que vocês reservem um momento, pelo menos uma vez por semana, para que possam conversar, planejar, sonhar juntos esse futuro. E também para aproveitarem esse momento mágico do presente, do qual vocês vão sempre se lembrar. Conversem sobre como podem realizar cada um desses sonhos, assumindo o compromisso um com o outro de que tudo aquilo que está ali é importante e que vão lutar juntos por sua realização.

Lembre-se sempre de que a melhor preparação para o amanhã é fazer o seu melhor hoje. Então, definam claramente como vocês precisam viver hoje, para criar o futuro com que estão sonhando. E comprometam-se em fazer tudo o que for necessário para chegar lá.

Sem dúvida alguma, vocês podem e vão conquistar muitas coisas na vida a dois. Mas a melhor parte do futuro é saber que vocês vão estar lá juntos.

O QUE DIZ O FELLIPE

Quando completamos um mês de namoro, dei de presente para Andréa um diário, que ela guarda até hoje. Escrevi na contracapa um bilhete para ela, que lemos novamente quando estávamos escrevendo este trecho do livro e rimos muito juntos.

Lá eu já tinha dito que teríamos três filhos. Parece ousado dizer isso quando estamos no início do namoro, não é? Mas foi sempre muito natural conversarmos um com o outro sobre o futuro, sobre nossos planos e expectativas.

Quando nos casamos, com apenas dois meses de casados mudamos de cidade. Fomos morar em um apartamento que já era quase todo mobiliado. Somente para a sala Andréa comprou um sofá e uma mesa.

Lembro-me de um dia perguntar se ela não iria colocar um lustre, um papel de parede, um espelho naquele cômodo, e ela me respondeu que não era necessário, já que nosso plano não era de ficar ali por muito tempo.

Tínhamos uma meta clara de quando mudaríamos para nossa casa dos sonhos e, de acordo com nosso planejamento, não iria demorar muito. Então, ela estava certa em não gastar com coisas para um apartamento que logo iríamos deixar.

Quando, enfim, chegou a hora de mudar para a tão sonhada casa, sabíamos o que estávamos procurando. Queríamos morar em uma cidade segura, queríamos uma casa em condomínio fechado, em um local bem arborizado, calmo, sem muito trânsito, que fosse próximo ao aeroporto, já que viajamos muito, e que, nesse aeroporto, houvesse muitos voos para o interior, que é para onde viajamos mais a trabalho. Queríamos que a casa tivesse dois escritórios, um para cada um de nós, uma vez que Andréa já falava que precisava criar um ambiente em que ficaria mais à vontade para escrever. Queríamos um lugar em que ficássemos confortáveis para criar nossos filhos, quando os tivéssemos.

Sabe por que estou falando tudo isso? Porque às vezes você diz que sabe o que quer para o seu futuro e da sua família, mas, a não ser que você já tenha pensando nele, nos detalhes, você, de verdade, ainda não está levando isso tão a sério.

Vocês precisam conversar sobre o que querem, como querem, para quando querem.

Os americanos têm o costume de perguntar "*How much do you want it?*" ou "O quanto você quer isso?". A sua resposta a essa pergunta vai definir o quão claro serão seus objetivos e planos.

24 mantenha vivo o romance

Meu sonho era poder colocar uma trilha sonora para cada um destes capítulos do livro. Já imaginou? Neste, por exemplo, seria difícil escolher uma só música. Provavelmente eu colocaria uma seleção inteira. Já percebeu como músicas podem embalar nosso coração de uma forma quase que instantânea? Aquela cena que mais nos toca no cinema sempre tem uma canção especial, não é?

Eu não sei qual música faz você lembrar de um belo romance. Talvez seja a de quando você e seu marido se conheceram, talvez a do primeiro beijo, ou a do seu casamento. Seja ela qual for, convido você a ouvi-la baixinho neste momento e entrar no clima deste capítulo.

Casar é poder namorar para sempre. Ou pelo menos deveria ser assim.

Para que você não diga que isso é coisa da minha cabeça, que vivo uma ilusão, que isso só acontece comigo, pedi ajuda a algumas mulheres que conheço e admiro, que estão em diferentes fases do casamento, para, junto comigo, mostrar-lhe que o romance duradouro é possível sim.

O casamento é a melhor fase para viver um romance. Até porque, pense comigo, agora vocês já fizeram uma promessa de que vão ficar para sempre juntos e isso lhes dá mais liberdade de se entregarem por completo à relação a dois, de demonstrarem seu amor sem reservas.

Aos poucos, você vai se aproveitando do benefício que o tempo juntos pode oferecer, que é conhecer melhor seu cônjuge e saber exatamente o que você faz que o deixa se sentindo mais amado, desejado, esperado, querido. E o mesmo acontece da parte dele com relação a você.

Por falar nisso, sei que muitas vezes, quando pensamos em romance, sua cabecinha pode ir direto para a ideia de ficar "deitada eternamente em berço esplêndido", confortável com a situação – ou talvez seja seu marido que pense assim. Mas entenda uma coisa: essa é uma das partes gratificantes do romance, mas não é só disso que um casamento extraordinário é feito.

Talvez você possa estar dizendo: "Explica isso então para meu marido, Andréa". Deixe-me explicar primeiro para você. Lembra que vez ou outra falei de um livro chamado *As cinco linguagens do amor*, do autor Gary Chapman? Pois bem, nesse livro ele divide em cinco as formas mais comuns como cada um de nós se sente mais amado. Vale muito a pena você se deliciar com a leitura desse livro também e saber mais sobre esse assunto.

É bem comum que os homens se sintam muito amados com o toque físico, visto que além de uma necessidade fisiológica, muitas vezes eles têm isso também como uma necessidade emocional. A verdade é que lá no fundo de nosso coração todos nós temos essa necessidade. Ela começa naquela perna que encosta na outra embaixo da mesa, nas mãos dadas, nos abraços, naquela mão boba durante o dia, em um carinho nos braços ou no rosto, em um cafuné, até chegar ao ápice, que é fazer amor da forma mais completa.

No namoro, somos bons nisso, não é? Mas não precisamos nos esquecer disso no casamento. Pelo contrário, agora você pode explorar mais e com mais assertividade essas sensações de contato, de intimidade, de entrega.

Imagino que você pode estar pensando que era fácil não se esquecer desses detalhes no início do casamento, mas que com o tempo tudo tende a esfriar. Por isso, pedi que a empresária Deise Thompson, que tem 28 anos de casada, nos falasse como ela mantém o romance vivo no casamento:

"O fato de querer sempre dar o melhor ao outro também nos fez melhores no sexo. Quando o depósito na conta do amor é bem feito, o sexo se torna algo esperado e prazeroso. Lemos muito sobre o assunto. Usamos técnicas e brinquedinhos que intensificam o prazer. Adquirimos habilidades na cama, porque gostamos de fazer sexo".

Entenda que o que estou dizendo aqui é que o sexo pode sim ficar ainda melhor com o tempo e a intimidade e, é claro, com uma comunicação aberta e fluente do casal, tratando do que gostam, do que não gostam, da liberdade em poder testar ou não algum brinquedo ou algum tipo de estímulo.

Lembro que depois da minha primeira relação sexual, em consulta com minha ginecologista, ela me perguntou: "Como foi, Dea, foi bom, você sentiu prazer?" Juro que demorei alguns segundos para assimilar as perguntas e sair do choque – ela foi direta, em um assunto que ainda era um tabu para mim, de certa forma. Vendo minha reação, que acredito ser comum para muitas pessoas, ela continuou dizendo: "Se essa é uma prática que vocês vão ter por uma vida inteira, ela precisa ser prazerosa".

Entendo que muitas mulheres que reclamam não conseguir manter o romance vivo nessa área, e que os maridos sempre querem ter relação e elas nunca estão dispostas, é porque não sentem prazer nisso.

Em conversa com a dra. Daniela Ramos, minha ginecologista, ela me disse:

"Atendo mulheres que estão casadas há mais de dez ou quinze anos e que fingem orgasmos, muitas vezes porque o marido não sabe que o orgasmo delas é clitoriano e não vaginal. E para elas, que mentiram a vida inteira, vai ficando mais difícil voltar atrás e contar para o marido que nunca tiveram prazer e dizer que deveriam tentar algo novo."

Completando, a dra. Daniela ainda afirma que "o homem naturalmente tem mais libido e um orgasmo mais fácil e, por isso, já tem quase que satisfação garantida nessa área. Mas o que queremos é que os dois tenham prazer, para que, assim, os dois possam potencializar o romance fazendo uso disso no casamento".

Para tanto, **conversem** sem reservas. Aprendam a direcionar seu parceiro, mostrem um ao outro o caminho para darem a vocês muito prazer e se permitam desfrutar dessa parte tão importante do casamento. Assim, é bastante possível que o casamento possa ficar ainda melhor do que o namoro foi.

Agora, é claro que não é só de sexo que é feito um romance. Você já chegou a perguntar para o seu cônjuge quais ações e palavras suas o fazem se sentir realizado, amado, apreciado por você?

E você já falou com ele sobre como você se sente amada? Não digo em forma de exigências, do tipo: "Você nunca me dá flores, você nunca me leva para jantar fora, você nunca anda de mãos dadas comigo, você isso... você aquilo". Porque toda acusação vai gerar uma defesa e esta normalmente vem também com uma acusação do outro lado. E nada disso gera uma mudança de hábito desejável como resposta.

Lembre-se de que a mulher é muito sábia e por isso mesmo estou escrevendo exatamente para você. Na Bíblia diz que a mulher sabia edifica sua casa – ela não fala que o homem sábio faz isso.

Então, entenda agora esta preciosa dica: faça sugestões sutis sobre o que lhe agrada no comportamento do seu marido. Por exemplo, lembre alguma vez em que ele lhe deu flores e, como quem não quer nada, conte essa história e diga: "Nossa, eu me senti a mulher mais amada do mundo quando você fez isso. Obrigada por ter me dado aquelas flores".

Quando você vir um casal de idosos andando de mãos dadas na rua, mostre a seu marido e diga: "Quero envelhecer ao seu lado dessa forma, com esse mesmo amor". E depois de dizer isso, tome a iniciativa e dê a mão para ele. Dificilmente ele negará contato depois de uma declaração como essa.

Nos treinamentos que dou, muitas pessoas me falam também que sabem o que precisa ser feito, sabem como o cônjuge se sente mais amado, mas não conseguem mais fazer nada disso depois que vieram os filhos. Como essa é uma alegação constante, pedi a uma pessoa que tem um relacionamento que eu admiro para dizer algumas palavras para você. Lidiane Rios é empresária, tem nove anos de relacionamento e tem cinco filhos, uma escadinha de dois, cinco, seis, sete e oito anos. Ela me permitiu compartilhar com vocês um depoimento sobre sua experiência pessoal quanto aos desafios do romance nessa fase:

"Quando os nossos filhos nasceram, de forma tão sequencial, com idades tão próximas, acabaram sendo escassos aqueles momentos para conversar e curtir meu esposo. Ao perceber isso, a primeira coisa que fiz foi especificar minhas prioridades – naquele momento, minhas prioridades passaram a ser: namorar, namorar sempre, não abrir mão de fazer refeições na mesa com ele, não deixar de levá-lo até a porta de casa, enviar mensagens (SMS na época) com a letra de uma música, um versículo, uma frase, ou mesmo um "eu te amo", bilhetes nos bolsos, na carteira, sem ele esperar. E compartilhei isso com ele, porque ele precisava saber que eu desejava tempo de qualidade para nosso casamento. O diálogo mantém a intimidade. Parece clichê, mas precisamos preservar o respeito entre o casal. Os filhos não vieram para dividir espaço, vieram para multiplicar a felicidade que já existia na minha vida conjugal. Mas o casal – os dois: marido e mulher – tem que querer para dar certo. E isso significa não desistir nas primeiras dificuldades e acreditar no amor que um dia uniu o casal e nos abençoou com esses frutos lindos, que são os nossos filhos."

Perceba que são pequenos detalhes que fazem toda a diferença. Detalhes do dia a dia, como sentar à mesa juntos, preparar uma refeição, mandar mensagens, áudios, recebê-lo na porta. Você não precisa criar coisas grandiosas para mostrar ao seu marido que ele é querido e que você se importa com ele. E também que deseja que ele se importe com você.

Lembro-me de que um amigo me disse: "Para um casamento dar certo, depois que tiverem filhos, é só você nunca se esquecer de deixar seu marido no lugar que ele deve sempre ocupar: o primeiro plano."

Pode parecer desafiador, mas lembre-se: é com ele, não com seus filhos, que você vai passar uma vida toda. Então trate de lembrar disso com carinho, não deixando que seu marido ache que perdeu seu posto.

Wendell Carvalho, treinador e coach, escreveu em suas redes sociais uma reflexão poderosa sobre isso:

"O que mantém um casal junto e de forma apaixonada é a **intimidade**. Sem intimidade o casal se torna somente amigo, o que não é o bastante. Intimidade se cria, entre outras coisas, com proximidade, beijo, toque... sexo. Quanto mais colocar outras pessoas entre vocês, menor será a conexão e a intimidade. Filhos são dádivas da vida, porém não permita que pelo seu comportamento eles acabem separando o casal. Muitos casais deixam de sentar juntos no restaurante, deixam de jantar juntos. Deixam de fazer sexo por conta de o filho "liderar o lar". Tudo girando em torno do filho, e não o oposto. Quem manda em casa são os pais, e não os filhos. Se o casal não entende que **eles mesmos** são a prioridade, vão se esquecendo disso, vão se sentindo sozinhos, vão se desconectando. Mantenha sempre seu cônjuge conectado a você. Tirem tempo para jantar juntos, **sem filhos,** pelo menos uma vez a cada quinze dias. Andem de mãos dadas, esposa e marido. Façam seus filhos perceberem como um casal feliz deve se comportar. Façam seus filhos entenderem que o marido precisa proteger a esposa. Façam eles entenderem que a base de todo relacionamento é o casal. Você precisa edificar quem você escolheu para seguirem juntos pelo resto da vida."

Eu sei que aí dentro de você, mesmo que possa estar adormecida, existe uma romântica nata, ou alguém que quer levar o relacionamento de volta para o romance, para aquele clima de primeiro amor. Então, pode ser um pouco difícil no começo, mas você pode, com atitudes simples, começar a dar os primeiros passos em direção a um amor mais maduro, mas nem por isso menos romântico. Peguei algumas dicas práticas, novamente, com minha amiga Deise Thompson:

"Entramos no casamento com o desejo claro de fazer o outro feliz. E descobrimos o que cada um gosta no outro e colocamos em prática:

- Procuramos sempre melhorar para agradar o outro.

- Evitamos fazer o que o outro não gosta.

- Fazemos coisas juntos, simplesmente para estarmos juntos.

- Dizemos “eu te amo” sempre.

- Reconhecemos e elogiamos as qualidades um do outro.

- Somos gentis: abrimos a porta do carro, puxamos a cadeira para o outro sentar, damos a mão nas escadas.

- Carregamos qualquer peso, como as compras do supermercado (essas gentilezas masculinas valem ouro quando feitas realmente com carinho).

- Nos abraçamos.

- Nos beijamos.

- Fazemos a comidinha que ele(a) gosta.

- Assistimos com ele(a), mesmo sem gostar, aos programas preferidos dele(a).

- Apoiamos suas ideias.

- Rimos de suas piadas, mesmo aquelas que ele(a) sempre conta.

- Cuidamos dele(a) quando fica doente.

Pequenos gestos de carinho todos os dias nutrem o amor como a água com que se rega uma flor.”

A suas necessidades emocionais e as do seu cônjuge, de fato, só vocês conhecem. A ideia deste capítulo é só despertar você para atendê-las e ajudar seu parceiro a também atender às suas.

Façam uma lista, se possível juntos, do que cada um precisa para manter o romance no ar e, a partir disso, levem essa lista a sério, como meta de vida. E passe a executá-la, não só uma vez, mas repetidamente, inovando, ampliando e complementando sempre que possível.

Não caia no erro de achar que não combina mais com vocês, devido à idade, fazer o romance acontecer e permanecer no seu relacionamento. Entenda que é melhor ser o casal mais apaixonado que vocês conhecem, do que ser mais um do time "infelizes para sempre".

Apenas para reforçar que, o romance, a paixão e a felicidade são possíveis sempre, vou fechar este capítulo com um depoimento da minha amiga Leila Rodrigues, que já completou 23 anos de casada:

"Se eu pudesse te dar um único conselho, diria: aja todos os dias como se fosse os primeiros meses de casados. Para as mulheres eu diria: ame, se dedique e seja sábia. E para os homens eu diria: ame, respeite e seja fiel. Um casamento feliz não se faz sem dedicação, você deve antes do seu "querer", querer fazer o outro feliz. Descubra, reconheça e aprenda a ler o que seu parceiro gosta, o que ele quer e deseja que você seja e seja o que o faz feliz, completo e realizado. A sabedoria de Deus que foi dada para a mulher é o pilar de um casamento; não adianta exigir que o marido seja como a mulher, eles agem e reagem por impulso, por puro sentido. E mais importante ainda, seja todos os dias aquela parceira ou parceiro por quem ele ou ela desejou, se apaixonou e quis casar. Não mude para menos do que você era, não se acomode, não fique sem se cuidar, não durma sem banho, não seja uma parceira que não cause desejo no seu cônjuge. Planeje uma viagem de lua de mel pelo menos uma vez por ano, saiam só os dois para tomar um bom vinho, dar boas risadas e conversar, durma cheirosa, vista uma linda camisola e assistam a um filme juntinhos, sejam namorados, durmam agarrados e se amem. Existe sim romance em um casamento de muito anos. Basta vocês serem e quererem ser apaixonados um pelo outro".

E então? E você? O que está fazendo hoje para manter o romance vivo no seu casamento?

O QUE DIZ O FELLIPE

Por diversas vezes já me vi pensando, em algum momento em que Andréa me cobrou um pouco mais de romance: "Ah, se ela fosse casada com fulano, ela ia ver como é um relacionamento sem romance".

Comentários como esse vinham da minha comparação do nosso relacionamento com as referências que eu conhecia, sendo que nenhuma delas era um modelo de relacionamento verdadeiramente abundante.

Você já percebeu que, às vezes, não temos um relacionamento épico porque nosso parâmetro é apenas ser melhor do que foi o relacionamento dos nossos pais, amigos ou familiares? O pior é que nem sempre esses são relacionamentos do tipo que se você melhorar um pouco ficarão excelentes.

Talvez, em outra época, pudéssemos falar que era difícil ter acesso a bons exemplos, se não os tivéssemos em casa ou no círculo social mais próximo, mas hoje isso não é verdade. Existem livros, vídeos, terapeutas e Coaches preparados e capacitados para ajudar você a elevar seu relacionamento ao nível que você desejar.

Entenda que, se o seu desejo for ter essa área da sua vida com nota máxima, você pode conquistar isso. Basta dedicar energia e esforço, da mesma forma que quando quer ser bem-sucedido na profissão, por exemplo, você se entrega por completo para alcançar seus objetivos.

Sabe por que eu acredito que livros e filmes como os *Cinquenta tons de cinza* fazem muito sucesso? Porque muitas mulheres encontram ali o romance, o desejo e o prazer que elas não têm em casa.

Por isso tudo é que decidi não permitir que ninguém ou nada ocupasse o papel de marido amoroso e que se preocupa em deixar minha esposa feliz e realizada no casamento. Esse lugar no meu lar é meu e sou eu quem deve desempenhar bem esse papel, para termos uma relação extraordinária.

Qual tipo de relacionamento você quer ter na sua vida de casal? Quer ser parte da média de pessoas com quem convive e conhece, e que nem sempre são modelos a serem copiados, ou você quer viver o extraordinário? Quem vai ser o responsável por sua mulher sentir prazer e viver um romance dos sonhos?

Todas essas respostas só cabem a você!

25 inclua Deus na sua vida de casal

O Livro de Eclesiastes 4:12 diz: "Um cordão de três dobras não se rompe com facilidade". Assim acredito que seja um casamento em que tem Deus, marido e mulher: ele não se rompe tão facilmente.

No meu casamento com Fellipe, um hábito que tem nos abençoado muito e tem gerado uma intimidade como nunca tínhamos sequer imaginado é o de orarmos juntos. Como sabemos que o dia tende a ser corrido e agitado, não deixamos para orar quando dá. Como para tudo que é importante na nossa vida temos horário marcado, o nosso momento com Deus não é diferente: temos um horário reservado para falar com ele.

O Livro de Mateus 6:33 diz: "Mas buscai primeiro o Reino de Deus, e a sua justiça, e todas essas coisas vos serão acrescentadas". Quando pensamos no que era buscar Deus primeiro, entendemos que nessa ideia cabia inclusive as pequenas coisas, como entregar a Ele nosso primeiro tempo, a primeira hora do nosso dia, dar a ele a nossa primeira atenção.

Eu não sei qual é o melhor horário para que você e seu marido façam suas orações, mas se puderem fazê-lo pela manhã, garanto que é uma ótima forma de começar seu dia.

Sei que nem sempre o casal está junto todos os dias. Eu e Fellipe, muitas vezes, estamos viajando, cada um para um lugar diferente. Mas acredito que, se podemos fazer tantas coisas por telefone, por que não podemos também orar, não é? Não permita que a correria, a agitação ou a ansiedade roube de vocês esse tempo tão precioso para falar com Deus.

Imagine se Deus lhe dissesse: "Se der tempo, eu falo com você hoje", ou "Mais tarde nos falamos, agora estou muito ocupado", ou "Me desculpe, você entende, né? É que hoje trabalhei demais, então amanhã nos falamos". Acho que você não iria gostar nem um pouco desse tipo de resposta ou desculpa.

Mas quantas vezes somos nós que fazemos isso? Eu já fiz isso. Não acredito em um Deus punitivo, que vá se irritar comigo por causa disso. O Deus que conheço derrama graça e misericórdia sobre a nossa vida, todos os dias. Mas acredito que o que Ele quer de nós é um relacionamento mais próximo. E isso só se constrói com diálogo, através da oração.

Talvez você esteja pensando: "Como assim um diálogo? Para ter um diálogo os dois precisam falar". E eu respondo que Ele fala sim conosco. Seja através de músicas, pregações, mensagens de amigos ou até mesmo de desconhecidos. E também através de respostas de orações atendidas e até mesmo de seu silêncio, quando Ele bem sabe que é disso que precisamos.

Bem antes de escrever este livro, Deus já havia plantado no meu coração o anseio de trabalhar com casais e de alguma forma ajudá-los. Quando a oportunidade chegou para que um livro fosse publicado, a minha certeza de que ele deveria ser sobre relacionamentos foi imediata.

Todos os dias, desde então, o livro tem sido "pauta" de nossas orações. Enquanto escrevia, emocionava-me só de lembrar os dias e dias em que, chorando, oramos, clamando para que fôssemos apenas instrumentos de Deus nessa missão de ajudar mais famílias.

Confesso que muitos dias dormi pensando em algum tema do livro e me perguntando "como posso explicar isso? Como vou falar sobre isso?" E, logo no dia seguinte, as palavras estavam lá, ansiosas na minha mente, querendo ganhar o papel. Eu sabia que tinha sido Ele.

Imagino que nós, possivelmente, ainda não nos conhecemos pessoalmente. Mas se este livro chegou até você, saiba que você esteve nas nossas orações. E nosso desejo mais sincero é que ele seja bênção também na sua vida.

Sei que é possível que talvez você ainda não tenha segurança emocional para propor ao seu marido que vocês orem juntos. Mas saiba que também já passei por isso.

Aproveitando este meu momento de confissão e cumplicidade com você, deixe-me contar-lhe algo muito íntimo, do meu coração: meu sonho era poder orar com meu marido. Mas Fellipe não veio de uma criação em que houvesse esse hábito em sua casa e isso me inibiu de, até mesmo, chamá-lo para fazer as orações comigo.

Por isso, entendo de verdade, se essa for a sua realidade hoje. No meu caso, durante um tempo, tive receio de chamar Fellipe e propor que orássemos juntos, porque eu não sabia como seria a reação dele. Mas eu continuava orando para que tivesse a abertura necessária e a coragem para fazer isso. E quando criei coragem de fazê-lo, ele não se negou e foi um alívio imenso para mim.

No dia em que oramos juntos pela primeira vez, minha vontade era de passar a oração inteira só agradecendo por isso. No segundo dia, foi ele quem fez a oração. Disse a ele que era só uma conversa com Deus, em que ele poderia agradecer, contar algo e também fazer pedidos. De todas as palavras que já ouvi Fellipe dizendo, até as que mais amo, como nossos votos de casamento, eu trocaria todas só para ouvi-lo orando. De todas as formas que existem de dizer eu te amo, quando estamos orando juntos é como me sinto mais amada.

Hoje, aquelas orações que antes eram bem rápidas se transformaram em conversas cada vez mais longas com Deus. Há intimidade e muito mais coisas a serem compartilhadas. Há confiança.

E o mais maravilhoso é que durante nossa conversa com Deus há mais transparência do que em qualquer outro momento, abrimos nossos corações e isso fortalece a nossa intimidade como casal. Conhecer os anseios e medos mais profundos, conhecer as aflições e fraquezas do outro e reconhecer em quem está nossa esperança e confiança só faz de nós, duas pessoas pequenas e imperfeitas, um casal mais forte.

Quando estamos ali, de mãos dadas, orando, somos duas pessoas reconhecendo ser incompletas, não uma sem a outra, mas as duas sem Deus. Mas a oração nos leva até Ele e então nos sentimos completos.

Quando oramos, estamos declarando nosso amor um pelo outro e dos dois por Deus, renovando nossa decisão de começar o dia juntos novamente e seguir uma vida assim. E estamos reconhecendo nossa dependência de Deus para conseguirmos fazer isso, com a certeza de que temos Sua proteção.

Tem uma frase que ouvi na minha adolescência, que marcou a minha vida: "Não há nada que te faça amar mais uma pessoa do que orar por ela.". Por isso, eu quero convidar você, da sua forma, a orar pelo seu cônjuge neste momento. A colocar a sua vida e a dele, bem como seu relacionamento, diante de Deus, dando espaço para que essa união seja um cordão de três dobras.

Vamos lá! Não custa nada e vai fazer uma diferença enorme. Basta que você feche os olhos por alguns instantes e mentalize bênçãos saindo das mãos de Deus e cobrindo todo o seu cônjuge, como uma luz de paz, amor e harmonia.

Fica aqui também o meu convite para que, quem sabe, você e seu marido se permitam viver esses momentos de oração juntos, como casal. Não sei quais são seus pedidos, do que vocês precisam no seu relacionamento, mas de uma coisa eu tenho certeza: em Deus vocês podem confiar.

Eis uma promessa, no Livro de Mateus, 21:22: "E tudo que pedirem em oração, se crerem, vocês receberão."

O QUE DIZ O FELLIPE

Todas as vezes que, brincando com Andréa, eu digo: "Eita que você é uma mulher de sorte!", ela sempre me responde: "De oração!". E eu fico grato que possamos reconhecer isso. Que nunca nada do que somos, temos e conseguimos foi sorte... Sempre foi bênção de Deus.

Sempre fui grato a Deus por tudo que acontecia na minha vida, mas ter intimidade com Ele é algo novo para mim. Fico encantado como tem tantos e preciosos ensinamentos na Bíblia. E poder ouvir uma pregação pela internet, durante o meu dia, tem feito meus dias muito melhores.

A prática mais recente a que me acostumei foi Andréa e eu começarmos a orar juntos. E desconheço melhor forma de começarmos o dia.

Tem um versículo no Livro 1 de Pedro 3:7 que diz: "Maridos, vós, igualmente, vivei a vida comum do lar com discernimento; e tendo consideração para com a vossa mulher como parte mais frágil, tratai-a com dignidade, porque sois, juntamente, herdeiros da mesma graça da vida, para que não se interrompam as vossas orações."

Eu sei que tem muita gente que se apega a esse versículo apenas na parte em que chama a mulher de "parte mais frágil". Mas fico pensando que Pedro, um pescador forte, estivesse apenas pensando em quem teria mais facilidade para puxar uma rede cheia de peixes. Não colocou maldade nisso, até porque, ainda no mesmo versículo, ele declara que a esposa é co-herdeira da vida cristã, uma declaração radical de igualdade espiritual para os dias e para aquela época.

Mas o que quero de fato chamar sua atenção é para o fim dessa passagem, em que Pedro diz que o marido deve tratar a esposa com honra e discernimento para que não se interrompam suas orações.

E aqui quero colocar uma questão: você já pensou que um dos motivos para que suas orações não estejam sendo atendidas pode ser exatamente a forma como você tem tratado sua esposa?

Estamos praticamente no final deste livro e, de todo coração, gostaria que você também tomasse a decisão de ter uma vida ainda mais abençoada e cheia de orações atendidas, sabendo que um dos passos importantes para que isso aconteça é tratar sua esposa da maneira como a Bíblia nos ensina.

É com alegria que posso declarar, hoje, como Josué declarou um dia: "Eu e minha casa serviremos ao Senhor". Josué 24:15.

Que essa, quem sabe, também possa ser uma verdade da sua família.

família, um projeto de deus

A partir de agora você pode melhorar muito o seu relacionamento de casal e ainda ajudar muitas pessoas a fazerem o mesmo. Inclusive, se você ainda está iniciando um relacionamento, já sabe como começar da maneira correta e, com certeza, cometer menos erros no percurso.

Seu relacionamento a dois se tornará mais pleno, porque você já sabe o que procura e o que a faz feliz. Você sabe agora que a família é um projeto de Deus e, por isso, quando tem um relacionamento com propósito é muito mais simples de encontrar a felicidade na vida a dois.

Você também já aprendeu que para que um relacionamento a dois seja extraordinário é preciso que ele seja construído com ações concretas e conscientes, ou seja, o seu relacionamento não poderá ser uma obra do acaso. Você vai precisar trabalhar nele, intencionalmente, para ampliar suas possibilidades de harmonizar o seu casamento.

Agora você sabe que tem em suas mãos o poder de trabalhar em seu casamento de tal forma que aquela criança que você foi um dia, cheia de planos e sonhos – e que ainda vive dentro de você – se sinta orgulhosa da adulta que você se tornou.

Lembre-se de que sempre é tempo de fazer a felicidade acontecer no seu casamento. Comece a conversar com seu marido, peça ajuda a ele para que isso se torne possível e, aos poucos, vocês vão começar a caminhar juntos para um relacionamento mais pleno e feliz.

Continue a colocar em prática o que conversamos neste livro. Comece a plantar as sementes da felicidade conjugal. Comece hoje mesmo a elogiar sinceramente o seu marido e a dizer a ele o quanto você se orgulha e o respeita por tudo que faz. Siga o conselho bíblico de Efésios 5:33, que diz: "Portanto, cada um de vocês também ame a sua mulher como a você mesmo, e a mulher trate o marido com todo o respeito.". O que o homem mais espera e deseja de sua mulher é que ele seja respeitado. Faça isso por ele, que a recíproca, com certeza, será que você vai ser uma mulher amada e respeitada por ele também.

Sei que dei a você muito no que pensar e muito a fazer, não é verdade? Mas acredito também que nessa jornada que começamos, desde o primeiro capítulo, se estiver fazendo tudo direitinho, você pode até ainda não ser a pessoa que quer ser ou ter o relacionamento que deseja, mas definitivamente já está muito melhor do que quando começou a fazer esta leitura. E já compreendeu que realmente vale a pena investir no seu relacionamento de casal.

Busque sempre ser uma esposa melhor. Esse será o primeiro passo para que seu casamento comece a ser extraordinário "de propósito" e "com propósito". E esse será o maior de todos os ganhos que resultarão do seu empenho e do seu esforço.

Desejo, de coração, ter contribuído para que você tenha claro o que deseja do seu relacionamento de casal e tenha a coragem de lutar por isso, para ter um casamento extraordinário.

Li certa vez um poema de Ralph Waldo Emerson que dizia que "Ter sucesso é saber que alguém respirou melhor porque você existiu." Por isso, fiz questão de lhe entregar o meu melhor neste livro, desejando que você possa usar este material como base para mudar e melhorar a sua vida com seu parceiro e ganhar um novo fôlego para construir um bom relacionamento a dois.

Tenho certeza de que, conforme afirmou o escritor Gary Chapman, em seu livro *As cinco linguagens do amor*, "Seja qual for a qualidade de seu casamento neste momento, ele sempre pode ficar melhor". Ainda referenciando Chapman, meu desejo maior é ajudar você a descobrir maneiras de "encher de amor o tanque afetivo do seu relacionamento de casal".

Eu não poderia acabar este livro sem dividir com você a mais íntima das minhas experiências com Deus nessa área da minha vida, aquela que chamo de meu maior milagre.

Nem mesmo Fellipe, até este momento em que escrevo, tinha lido esta carta. Mas eu não consegui pensar em melhor momento para dividi-la com ele, com você e com o mundo.

Aquela lista do que eu esperava de alguém para compartilhar a vida comigo, como meu marido, de que desde o início do livro eu venho falando para você, na verdade não é só uma lista, é uma carta para Deus:

"Meu amigo, meu pai, meu Senhor,

São tantos os nomes pelos quais te chamo e há tanta intimidade entre a gente, que às vezes fica difícil escolher. Hoje usei vários, porque preciso de todos eles.

Eu poderia estar falando, como sempre, mas o Senhor bem sabe que as minhas palavras ficam melhores quando escrevo e, para o que vou fazer, não quero entregar nada menos do que o melhor. Porque, também, dessa forma, quero que entenda o quanto isto é importante para mim.

Faz somente uma semana que tenho orado pelo meu esposo. Nunca tinham me falado que eu deveria fazer isso antes, então, me desculpe se eu estiver atrasada.

Reconheço que escrevo também porque falar alto pode fazer com que as pessoas ouçam e riam de mim. Minhas irmãs acham que eu vivo no mundo dos filmes e livros de romance a que assisto e leio. E, sabe, o que há de errado em querer viver algo que possa um dia, quem sabe, virar um livro e inspirar outras pessoas a fazerem o mesmo?

Meus pais não vivem exatamente o relacionamento dos meus sonhos, mas eu sei que o relacionamento deles não precisa definir o meu.

Meus colegas de sala têm necessidades, que parecem urgentes, de dar o seu melhor para pessoas que mal conhecem. E em meio a tudo isso, eu sou a menina que coleciona convites de casamento. Eu sou aquela que acredita que "nem olhos viram, nem ouvidos ouviram, nem jamais penetrou no coração humano, o que o Senhor tem preparado para aqueles que o amam." E eu sei que o Senhor conhece meu coração e bem sabe como O amo. Por isso, acredito nessa promessa, que por mais que nunca tenha visto relacionamento como o que desejo, não quer dizer que ele não exista.

Ainda tenho apenas catorze anos e não tenho pressa. Só quero que meus sonhos e planos sejam conhecidos por Quem pode me ajudar a realizá-los.

Lembro sempre primeiro do que não quero, do que daquilo que quero. Mas percebo que esse já é um começo.

Não quero me casar com alguém que beba bebida alcoólica e fume, pelas experiências que o Senhor bem sabe vivenciei com meu pai.

Me ajude a encontrar alguém com facilidade de perdoar, já que eu, cometedora de tantos erros, sei que irei precisar de perdão.

Me ajude a achar alguém que não tenha medo de trabalhar. Não precisa ser rico, ter carro, casa, ou qualquer coisa material para que valide para mim seu valor. Já que eu também não tenho ainda nada a oferecer. Só quero encontrar alguém que esteja disposto a construirmos juntos.

Me ajude a achar alguém com sonhos tão grandes quanto os meus, que não se acomode com facilidade. Que seja o visionário do nosso lar, o líder da nossa casa, o mantenedor da nossa família. Que sejamos um para o outro a coragem, o ânimo e a fé, mesmo quando ninguém mais acreditar em nós e no que queremos fazer.

Me ajude a achar alguém que me respeite como mulher, esposa, mãe, profissional. Alguém que me veja como uma pessoa completa, capaz, independente e não se assuste com isso. Alguém que tenha orgulho e admiração por mim e que sabendo e reconhecendo todas essas coisas, queira ocupar o lugar de homem ao meu lado, um lugar que guardei e esperei para preencher por toda minha vida. Alguém que entenda que não estaremos juntos para competir, mas para transbordar.

Me ajude a achar alguém que meus filhos vão me agradecer um dia por ter escolhido como seu pai. Que seja honesto, paciente, tolerante e o melhor amigo e exemplo.

Me ajude a achar alguém que acredite em "felizes para sempre", que queira viver comigo o maior romance que já existiu, que aceite meu convite para viver nesse mundo que pode até não existir para a maioria das pessoas, mas que pode ser perfeitamente criado por nós dois.

Me ajude a achar alguém que Te ame, que seja grato, que reconheça que milagres existem, e que nós dois vivermos o que estou aqui pedindo será a prova de um desses Seus milagres.

Eu sou tão falha e por isso te peço ajuda para me tornar a mulher que esse homem, um dia, vai buscar para ser a esposa que ele merecer.

Que o Senhor possa me dar paz ao encontrá-lo e a certeza de que, independente do que tivermos que passar para construir o relacionamento almejado, nós iremos chegar lá, não porque somos bons, não porque queremos, mas porque o Senhor será bom em nós. E tudo o que o Senhor faz é bom, perfeito e agradável.

Escrevo como quem confia, sem medo, e se joga, sem ver o chão, porque eu sei em Quem tenho crido. E sei que Quem me prometeu é fiel para cumprir."

Essa foi a primeira versão de uma carta cheia de muitos acréscimos. E, enquanto escrevo, choro, lembrando da menina que a redigiu há tantos anos. A menina que sonhou e com tanta fé pediu e acreditou está fazendo da sua história um livro, da sua crença, uma verdade e da sua fé, um pedido para que mais pessoas possam viver o que ela sabe que é possível, porque agora ela não precisa conhecer ninguém que tenha um relacionamento como ela quer para saber que é real, porque ela já tem essa pessoa a seu lado e já vive esse relacionamento abençoado.

A maior realização pessoal que conquistei hoje é poder olhar em paz para a criança que fui – e que ainda vive dentro de mim – e dizer a ela que todos os caminhos que trilhei foram para, de alguma forma, tornar possível entregar a você este livro. E, com ele, devolver a você e ao mundo, com todo meu coração, as palavras de luz e esperança que tão cedo me encontraram na vida.

Que as bênçãos do Senhor se estendam também sobre você, seu marido, seu casamento e a sua casa.

Com carinho e fé.

recomendações de leitura

***O pequeno príncipe*, de Antoine de Saint-Exupéry**
Parece um livro infantil, mas tem preciosos ensinamentos para todas as idades. Ele marcou tanto meu relacionamento com Fellipe, que a frase que escolhemos para o nosso convite de casamento veio deste livro. As lições sobre dedicação, tempo, cuidado com quem amamos são valiosas. Por isso, recomendo muito a leitura.

***Amor (o que ela mais deseja) e respeito (do que ele mais precisa)*, de Emerson Eggerichs**
Quando Fellipe e eu estávamos fazendo a preparação para o casamento, o pastor nos indicou esse livro. Acabamos lendo-o só quando já estávamos casados. Ele traz uma reflexão clara sobre o que é mais importante, tanto para o homem quanto para a mulher no casamento. Acredito que essa deveria ser uma leitura obrigatória para todos os casais que querem se sentir amados e respeitados um pelo outro.

***As cinco linguagens do amor*, de Gary Chapman**
Este livro fez com que eu aprendesse a demonstrar amor de forma efetiva: da forma como Fellipe realmente se sentia amado. Foi uma das leituras de maiores aprendizados que já fiz. Tanto que hoje trabalho as linguagens do amor não só em casa, mas levei esses ensinamentos para o trabalho, onde aprendi a reconhecer melhor cada pessoa, entendendo como ela se sente valorizada e amada. Com certeza, é um livro que merece ser lido uma vez por ano.

***Emoções: desperte paixão e desejo no homem que você ama!*, de Ellen Kreidman**
Ganhei este livro de presente da minha mãe e posso garantir que ele foi um dos melhores presentes que ela já me deu. É uma visão cristã sobre a sexualidade no casamento e como ela é importante. A leitura, posta em prática, é satisfação garantida para o casal nessa área.

A Bíblia Sagrada
Nenhum livro é tão rico e tão completo como este. Seja nos relacionamentos ou em qualquer área da sua vida. É o tipo de livro que você pode ter lido completo várias vezes, mas, ainda assim, se ler novamente sempre vai aprender mais alguma coisa.

Fonte MARK PRO, BELY
Papel PÓLEN SOFT 80 g/m²
Impressão IMPRENSA DA FÉ